Le devenir juridique de la dignité

BIBLIOTHÈQUES DE DROIT

COLLECTION FONDÉE ET DIRIGÉE PAR JEAN-PAUL CÉRÉ

Cette collection a pour vocation d'assurer la diffusion d'ouvrages scientifiques sur des thèmes d'actualité ou sur des sujets peu explorés dans le domaine des sciences juridiques. Elle se destine notamment à la publication de travaux de jeunes chercheurs.

Dernières parutions :

E. MANGIN, L'univers carcéral, la mère détenue et son enfant

P. LAURENT, L'incohérence des lois de circonstances en matière pénale

P. GOASDOU, L'impartialité du ministère public

M. GERMAIN, Essai sur l'influence du pédophile à l'égard du silence des tiers

F. LOUISE, Droit de grâce sous la Ve République

C. MORALES, Le droit animal

C. MENABE et M. MARTINELLE (dir.), L'enfant en prison

Y. JEANNERET, A. KUHN et B. LAPEROU-SCHENEIDER, Droit pénal français et droit pénal suisse

B. BARRAUD, Le pragmatisme juridique

N. LORY, La saisie pénale des biens incorporels

M. PERRIN, Le statut pénal de l'animal

A. TATARINOFF, Génocide et crimes de masse (1933-1946)

P. ROUSSEAU, Autonomie personnelle et droit pénal

Martial Manet

Le devenir juridique de la dignité

Une étude de la Charte africaine des droits de l'homme et des peuples

L'Harmattan

5-7, rue de l'Ecole-Polytechnique, 75005 Paris

http://www.editions-harmattan.fr

ISBN : 978-2-343-17344-3
EAN : 9782343173443

Préface

La Charte africaine des droits de l'homme et des peuples, adoptée en 1981 et entrée en vigueur en 1986, n'est assurément pas un instrument facile à appréhender tant elle concentre les ambivalences. Car ce texte juridique est également un combat politique et l'affirmation d'une philosophie et d'une anthropologie métissées à l'issue d'une histoire complexe qui ne cesse de se mouvoir, ces différentes dimensions étant filles d'un contexte particulier tout en ayant vocation à l'intemporalité.

Or, nous savons peu de choses de la gestation de cet instrument, démunis que nous sommes de ses travaux préparatoires (qui par ailleurs ne nous donneraient qu'un point de vue partiel et certainement partial sur ce qu'elle est et devait être). Il faut donc à la fois reconstituer son passé, mesurer son présent et imaginer son avenir. Martial Manet analyse ici ces trois dimensions en proposant une étude du « devenir » de la consécration de la dignité dans cet instrument.

Certes, il existe une abondante littérature sur le concept de dignité dans le champ du droit de la protection de la personne humaine (tout comme sur la Charte africaine). Cependant, si la dignité généralement contemplée est énoncée dans un cadre assez bien circonscrit – « occidental » – où sa place et sa signification sont relativement homogènes, la Charte africaine se démarque fortement des autres traités de protection de la personne humaine. En effet, sur un plan formel, la dignité y est affirmée non seulement dans le préambule, place qui lui est traditionnellement offerte dans ces instruments, mais également dans le corps du texte du traité. En outre, sur un plan substantiel et plus important, la dignité reconnue est à la fois celle de chaque être humain – héritage de la conception dominante qui remonte à la philosophie antique puis des Lumières – et de chaque peuple – invention africaine.

Nous ne résumerons pas ici l'analyse faite par Martial Manet, ni ne soulignerons les mérites de celui-ci qui transparaissent de manière évidente à la lecture de ce livre. La signification d'un texte n'est pas donnée objectivement par son auteur, mais subjectivement par chacun de ses lecteurs ; je n'imposerai donc pas ma lecture du présent travail. Je me contenterai de souligner ici l'intérêt de cette analyse. Tout d'abord, elle présente une compréhension particulièrement cohérente et stimulante de la consécration de la dignité dans la Charte. Ensuite, elle est le produit d'un esprit formé à la fois à la philosophie et au droit et embrasse ainsi un spectre de préoccupations plus large qu'une bonne partie des écrits sur cette Charte ou sur la dignité. Elle est enfin le produit d'un jeune auteur qui sait que son appréhension des difficultés sus-évoquées sera incomplète et insuffisante, et avance donc de manière précautionneuse, évitant les poncifs lénifiants mais également un relativisme débridé – deux tares qui affectent régulièrement les études juridiques africanistes – et se faisant modeste face à un tel document qui ne cesse de dévoiler ses potentialités et tensions au fur et à mesure que se développe la pratique de ses deux gardiennes internationales, la Commission et la Cour, ainsi que des juridictions étatiques.

Il est malheureusement aisé, dans les études africaines et en matière de protection des droits, de partir de présupposés et de transformer la réalité en fonction de ceux-ci. Ces deux champs d'étude ont une dimension politique et idéologique incontestable et la tentation est grande de vouloir les traiter dans cette optique. Tel ne fut pas le cas de Martial Manet. Celui-ci était venu me voir pour me proposer un travail sur le concept de dignité et non pas sur la Charte africaine, cherchant à démontrer qu'il s'agit d'un concept occidental participant du libéralisme politique. Quand je lui ai dit que pour démontrer cela il fallait regarder ce qui se passe hors de l'occident, il s'est attelé à la Charte et a su remettre en question ses convictions initiales : la dignité n'est pas un concept purement occidental même s'il ne faut pas taire l'inspiration extra africaine du traité sous examen ; il a un devenir africain. Nous n'en dirons pas plus, voulant seulement souligner l'honnêteté intellectuelle de l'auteur et la maturité de sa réflexion qui lui permettent d'enrichir la compréhension de la Charte et du concept juridique de dignité.

Jean Matringe
Professeur des Universités
Université Paris 1 Panthéon-Sorbonne

Sans prétendre à une exhaustivité qui m'obligerait à verser dans un exercice de remerciement luxuriant au risque d'en être pompier, je tiens, néanmoins, à témoigner ma reconnaissance à Monsieur le Professeur Jean Matringe, pour sa disponibilité, son enthousiasme et ses avis critiques toujours saillants, à Madame la Professeure Evelyne Lagrange, sans qui le droit international serait resté pour moi un vaste continent inexploré, ainsi qu'à Monsieur le Professeur Marc Crépon pour ses conseils éclairés.

Je tiens aussi à rendre grâce à Suzanne, pour son indéfectible et délicat compagnonnage durant la rédaction de ce premier travail de recherche, et à l'ensemble de ma famille pour son soutien inépuisable, en particulier Nathalie qui a, de surcroît, assumé la tâche ingrate de relire la première mouture de cette étude.

« Certains pensent par exemple qu'il suffit que les détenus soient bien nourris, bien entretenus, qu'on suive toutes les prescriptions de la loi pour que les choses aillent bien. C'est aussi une erreur. Tout être humain, quel qu'il puisse être, si abaissé soit-il, garde, même instinctivement, même inconsciemment, une exigence : qu'on respecte sa dignité humaine. Le détenu sait bien qu'il est un détenu, un paria, et il connaît sa place devant sa hiérarchie : mais aucun fer rouge, aucune chaîne ne peuvent lui faire oublier qu'il est un être humain. Et comme, de fait, il est un être humain, donc, c'est en être humain qu'on doit le traiter. » (F. DOSTOIEVSKI, *Les Carnets de la maison morte*, Arles, Actes Sud, 1999, pp. 207-208)

Principales abréviations

Art .... Article
AGNU .... Assemblée générale des Nations Unies
CADH..................... Cour africaine des droits de l'homme et des peuples
CEDH............................. Convention européenne des droits de l'homme
ChADH ....Charte africaine des droits de l'homme et des peuples
ChNU.. Charte des Nations Unies
CIJ .... Cour internationale de Justice
Commission........................ Commission africaine des droits de l'homme et des peuples
CourEDH.................................. Cour européenne des droits de l'homme
DDHC .... Déclaration des droits de l'homme et du citoyen
DUDH .... Déclaration universelle des droits de l'homme
Ed... Edition
Infra .... Ci-dessous
OUA... Organisation de l'Unité Africaine
P, pp... page(s)
PIDCP................. Pacte international relatif aux droits civils et politiques
PIDESC............... Pacte international relatif aux droits économiques, sociaux et cultuels
Req... Requête
Supra.. Supra
V.. Voir
UA.. Union Africaine
UNESCO.................... Organisation des Nations Unies pour l'éducation, la science et la culture

Introduction

Comme souvent, le point de départ de ce travail a été un étonnement. Alors que depuis 1948 et la Déclaration universelle des droits de l'homme, la notion de dignité est omniprésente dans les conventions internationales relatives à la protection des droits humains[1], aucune mention n'en est faite dans les textes fondateurs de ces droits. Qu'il s'agisse du cylindre de Cyrus (environ 535 av. J.-C.) pour la Perse, de la Charte du Kurukan Fuga[2] (environ 1236) pour le continent africain, des *Bill of Rights* anglais (1689) et américain (1789), de la Constitution de Virginie (1776) ou encore de la Déclaration des droits de l'homme et du citoyen (1789) pour

1 Au syntagme « droits de l'homme », nous préférerons ici celui de « droits humains » qui est plus à même d'exprimer l'égalité des genres.

2 Ce texte – dont la première version comportant sept chapitres daterait de 1222 – aurait été proclamé le jour de l'intronisation de Soundiata Keïta comme empereur du Mali à la fin de l'année 1236. Il est souvent considéré comme l'une des plus anciennes références aux droits humains. Néanmoins, pour Jean-Loup Amselle, « comparer la charte de Kurukan Fuga au "Bill of Rights" et à la "Déclaration des Droits de l'Homme et du Citoyen" n'a pas grand sens. Non pas, parce que l'Afrique ou les Africains seraient incapables d'élaborer une "Constitution" mais parce cette charte ne marque en aucune façon le surgissement d'un soulèvement contre une monarchie absolue analogue à la *Glorious Revolution* d'Angleterre au XVIIe siècle [...] ou une préoccupation relative aux droits de l'individu, quels qu'ils soient. [...] cette charte concerne exclusivement la passation de pactes ou d'alliances entre groupes, de "contrats sociaux" si l'on veut, mais de contrats sociaux qui n'ont strictement rien à voir avec ceux de la philosophie politique du XVIIe et du XVIIIe siècle (Hobbes, Locke, Rousseau), lesquels visent à assurer, en reprenant les acquis de la *Magna Carta,* ceux de l'Habeas *Corpus,* et au moyen d'un schème fictif opposant un "état de nature" à un "contrat social", le passage du statut de sujet à celui de citoyen doté de certains droits » (J.-L. AMSELLE, « L'Afrique a-t-elle "inventé" les droits de l'homme ? », *Syllabus Review*, Yaoundé, Presses de l'Université de Yaoundé I, vol. 2, n° 3, 2011, p. 452).

l'espace occidental, la notion de dignité n'apparaît jamais. Ces textes entendent protéger la liberté et l'égalité des individus – ou plutôt l'égalité de leur liberté –, mais ne se préoccupent pas du respect de la dignité humaine. C'est à partir de ce constat qu'est née la volonté d'étudier cette notion qui semble aujourd'hui cardinale pour bon nombre d'instruments de protection des droits de la personne humaine mais qui, pourtant, ne fait pas partie des concepts originels de l'histoire et de la théorie des droits humains.

De la philosophie au droit : la transsubstantiation de la notion de dignité

La notion de dignité n'est pas un produit de la science juridique contemporaine. On peut faire remonter son origine aux stoïciens, et en particulier à CICERON. Pour celui-ci, à la différence de l'honneur qui appartient au rôle qui est « attribué à chacun (*singulis*) personnellement (*proprie*) », la dignité appartient au « rôle » (*persona*) qui est commun à tous les hommes[3]. L'introduction de cette notion permet au philosophe stoïcien de distinguer ontologiquement l'homme de tous les autres étants, en l'opposant avant tout à l'animal. Il en va ainsi de la position ontologique spécifique de l'homme en tant qu'espèce, de sa distinction ou de sa supériorité par rapport aux autres vivants. La philosophie stoïcienne détermine cette position spécifique de l'homme par sa participation à la raison[4] : « il importe, pour toute recherche

---

[3] CICERON, *De officiis*, Paris, Les Belles Lettres, 1974, I, 107. Dans cette sous-partie introductive, nous garderons la synecdoque « homme » – qui désigne en réalité la personne humaine – pour deux raisons : pour être fidèle aux termes des textes étudiés ; pour pouvoir introduire la distinction conceptuelle kantienne entre « dignité de l'homme » et « dignité humaine ».

[4] Pour une analyse plus développée des rapports entre dignité et raison chez les stoïciens, voir C. MENKE, « De la dignité de l'homme à la dignité humaine : le sujet des droits de l'homme », *Trivium* [En ligne], n° 3, 2009, p. 4. Mis en ligne le 15 avril 2009, consulté le 30 mai 2018.
URL : http://journals.openedition.org/trivium/3303

sur le devoir, de ne jamais oublier combien la nature de l'homme l'emporte sur les animaux. [...] la nature nous a fait endosser en quelque sorte deux personnages ; l'un nous est commun, du fait que nous participons tous à la raison [...] ; l'autre [...] attribué à chacun personnellement »[5]. À cette détermination ontologique du mode d'être spécifique de l'homme fait suite, dans la pensée cicéronienne, l'affirmation d'un *ethos* qui peut correspondre à cette première détermination. La dignité intrinsèque aux hommes expliquant la supériorité de l'humain sur l'animal, les oblige à se comporter d'une certaine manière qui soit en adéquation avec cette supériorité naturelle. Ainsi, CICERON en déduit par exemple que « le plaisir du corps n'est pas assez élevé pour la dignité de l'homme et [qu'il] faut le mépriser et le rejeter »[6]. En tant qu'être doué de raison, l'homme doit à sa dignité de faire preuve de réflexion et de maîtrise. D'une détermination ontologique, la dignité de l'homme devient donc ici une tâche éthique. Mais la pensée de la dignité chez CICERON est encore plus exigeante : la dignité ontologique de l'homme n'implique pas seulement l'obligation éthique qu'a l'individu envers lui-même d'un mode de vie raisonnable et maîtrisé, mais aussi des obligations envers les autres, « parce que la nature nous a confié un rôle de constance, de mesure, de tempérance, de respect, et parce que la même nature nous enseigne à ne pas être insouciants de la façon dont nous nous comportons à l'égard des autres hommes »[7]. Par respect pour sa dignité, l'homme doit respecter la dignité de l'autre : « il faut donc montrer un certain respect (*reverentia*) à l'égard des hommes »[8]. Cependant, le respect de la dignité de l'homme tel qu'il est pensé, et surtout pratiqué, par les

---

5 CICERON, *op. cit.*, I, 105 et 107.

6 *Ibidem*, I, 106.

7 *Ibid.*, I, 97.

8 *Ibid.*, I, 99.

stoïciens, ne correspond pas à sa signification et à sa mise en acte contemporaines. En effet, certains modes de comportement et certaines institutions comme l'esclavage, conciliables avec la pensée stoïcienne de la dignité de l'homme, ne le sont à l'évidence pas avec la conception moderne de la dignité humaine.

La perception chrétienne de la notion de dignité s'inspire largement de cette tradition stoïcienne. Comme en témoigne la lettre de SAINT PAUL, renvoyant à Philémon son esclave Onésim : « je te le renvoie, et lui, c'est comme mon propre fils [...] Peut-être aussi Onésime ne t'a-t-il été retiré pour un temps qu'afin de t'être rendu pour l'éternité, non plus comme un esclave, mais bien mieux qu'un esclave, comme un frère très cher »[9]. Du point de vue de PAUL DE TARSE, on peut considérer quelqu'un « comme un frère très cher » et simultanément comme un esclave. La « communauté humaine » dont parlent CICERON et SAINT PAUL est universelle, uniquement dans le sens où elle englobe tous les hommes en ce qu'ils appartiennent à la même espèce, mais elle est en même temps limitée car elle divise l'homme en différents « rôles » (les *personae* de CICERON). Elle tient pour compatible le respect qui est dû au « rôle d'homme » commun à toutes les entités de l'espèce humaine, avec une discrimination et une domination possibles entre tous les autres « rôles » (politique, social, économique, familial, etc.) propres à l'individualité des hommes.

Cette conception traditionnelle de la dignité fondée sur la raison – révélatrice de la singularité et de la supériorité de l'homme vis-à-vis des autres étants – a perduré jusqu'à la Renaissance. On la retrouve chez PIC DE LA MIRANDOLE puis chez PASCAL. Pour le premier, bien qu'en aucun cas l'homme ne soit en mesure d'exprimer adéquatement le di-

[9] *La Bible de Jérusalem,* Paris, Cerf, 1998, p. 1982.

vin, il est l'être le plus digne en ce qu'il cherche à accroître le pouvoir de l'intellect jusqu'à son point ultime[10]. Chez PASCAL, l'exaltation de la raison comme marqueur de la dignité de l'homme est encore plus nette : « l'homme est visiblement fait pour penser. C'est toute sa dignité et tout son mérite »[11] et « toute notre dignité consiste donc en la pensée. Travaillons donc à bien penser. Voilà le principe de la morale »[12].

Un siècle plus tard, tout en s'inspirant de cette conception traditionnelle, KANT va faire entrer la notion de dignité dans la modernité en pensant une *dignité humaine* – comprise comme la dignité des individus qui composent l'espèce humaine – qui dépasse la *dignité de l'homme* – c'est-à-dire la dignité de l'espèce humaine. Dans la lignée de la conception stoïcienne de la dignité de l'homme, le philosophe allemand affirme que les animaux répondent mécaniquement aux *stimuli* de la nature, alors que les hommes agissent selon des motifs déterminés par leur raison. « Quand un chien a faim et qu'il a de la nourriture devant lui, il doit manger, alors que l'homme, lui, en pareil cas peut se retenir »[13]. Néanmoins, à la différence des penseurs grecs, il soutient que cette dignité ne lui appartient pas parce qu'il est homme – entité de l'espèce humaine –, mais car elle est déduite de la spécificité de l'homme comme individu, c'est-à-dire en tant qu'agent de moralité. À la différence des autres étants, l'homme en tant qu'individu a la capacité d'être son propre législateur moral et d'autolimiter son libre arbitre. Il peut se hisser au-dessus de sa condition naturelle et immédiate, agir en fonction d'une loi morale et être pleinement responsable

---

10 J. PIC DE LA MIRANDOLE, *De la dignité humaine*, Paris, Éditions de l'Éclat, 2016, 144 p.

11 B. PASCAL, *Pensées*, 513, Paris, Mercure de France, 1976, p. 276.

12 *Ibidem*, 232, p. 134.

13 E. KANT, *Leçons d'éthique*, Paris, Le Livre de Poche, 1997, p. 108.

de ses actes. Cela ne signifie pas pour autant que l'homme-individu perd sa dignité dès lors qu'il n'agit pas par devoir et cède aux penchants immédiats de sa nature sensible. La dignité humaine est liée à la capacité d'obéissance en tant qu'être humain aux règles, et non pas à leur obéissance effective[14]. Les individus peuvent se comporter de façon indigne, porter atteinte à la dignité d'autrui, mais ils ne peuvent détruire ni leur propre dignité ni celle des autres car elle est inhérente à la condition individuelle de la personne humaine. L'individu se laissant conduire par ses émotions et ses inclinations ne perd pas pour autant sa capacité à ressentir du respect pour la loi morale ; il conserve sa dignité dans la mesure où il porte toujours en lui la loi morale. Ainsi, la dignité humaine kantienne consiste à regarder tout être humain comme un agent moral autonome, c'est-à-dire non pas prisonnier de ses désirs particuliers, mais capable de se donner des lois morales car doué de raison. Cette dernière permet de « rapporte[r] chacune des maximes de la volonté conçue comme législatrice universelle à chacune des autres volontés, et même à chacune des actions envers soi-même, et cela non pas pour quelque autre motif pratique ou quelque futur avantage, mais en vertu de l'idée de la *dignité* d'un être raisonnable qui n'obéit à d'autre loi que celle qu'il institue en même temps lui-même »[15].

Cette généalogie sommaire et non-exhaustive a un double intérêt. Tout d'abord, elle met en exergue la relation d'indissociabilité entre la notion de dignité et celle de respect. Qu'il s'agisse de l'approche stoïcienne ou kantienne de la dignité – et de toutes celles qui en sont les héritières mais dont nous ne parlerons pas[16] –, sans le sentiment de respect

---

[14] C. CAMBUC, P. LE COZ. « La dignité humaine kantienne : une justification théorique des transplantations d'organes ? », *Raison publique*, vol. 17, n° 2, 2012, p. 223.

[15] E. KANT, *Fondements de la métaphysique des mœurs*, Paris, Vrin, 1992, p. 159.

[16] Je pense notamment aux pages admirables que consacrent à cette notion des auteurs comme E. BLOCH, P. RICŒUR, V. JANKÉLÉVITCH ou encore J. BUTLER.

qui incite à traiter quelqu'un avec égards et considération, la dignité est nue. Sans ce sentiment moral spécifique qui est pour KANT un produit de la raison pratique et de la conscience de la nécessité qu'impose la loi morale, l'égale dignité ontologique des individus peut être posée, mais ne peut pas devenir. La dignité peut être reconnue, mais sans l'adjonction de ce sentiment, la reconnaissance ne peut aucunement prétendre à une réalisation pratique. La notion de dignité renferme intrinsèquement le sentiment de respect – ce dernier étant ici compris comme ayant un double mode d'être : le respect et le non-respect –. Ensuite, cette généalogie montre que, lors des premières déclarations de droits humains, la notion de dignité humaine – que nous désignerons désormais comme *respect de la dignité humaine* – avait déjà été construite, étudiée et reformulée par la philosophie. Les juristes, philosophes et autres intellectuels à l'origine de ces textes fondateurs du droit des droits humains avaient donc nécessairement connaissance de cette notion posant l'égalité ontologique de tous les individus. Pourtant, il faudra attendre plus d'un siècle pour voir apparaître le respect de la dignité humaine dans un texte normatif. Étonnamment, il n'est pas mentionné dans un texte spécifiquement consacré à la protection des droits humains. Sa première occurrence figure à l'article 151 de la Constitution allemande du 11 août 1919, qui mentionne « une existence digne de l'homme »[17]. Cette énonciation précoce demeura cependant un épiphénomène. Il fallut attendre, en effet, 25 ans et la pénétration de la notion de respect de la dignité dans le droit international par le biais de la Charte des Nations Unies (1945) pour que ce concept philosophique réapparaisse et se diffuse dans

[17] « L'organisation de la vie économique doit correspondre aux principes de la justice et se proposer comme but de garantir à tous une existence digne de l'homme. Dans ces limites, la liberté économique de l'individu sera assurée ».

le droit[18]. À la suite de la Seconde Guerre mondiale et son lot d'atrocités, juristes et philosophes ont voulu proclamer « que la personne humaine possède une dignité qui lui est propre et qu'elle mérite le respect en tant que sujet moral libre, autonome et responsable. De là, la situation hors pair qui lui est reconnue et que le droit se doit de protéger »[19]. Aujourd'hui, cette notion parcourt toute la hiérarchie des textes normatifs dans de nombreux pays. Elle a aussi bien investi les conventions internationales[20], que les constitutions nationales[21], les lois et les règlements.

L'irréductible indétermination de la notion de dignité

Dans un contexte historique marqué par la négation de l'humanité à certains groupes d'individus, l'appropriation par le droit international des droits humains de cette notion philosophique exprimant une irréductible égalité ontologique est apparue comme nécessaire. Pourtant, derrière cette transsubstantiation disciplinaire et sa diffusion à l'ensemble des instruments de protection des droits humains se cache un problème considérable : celui de la définition de la notion. Cette unanimité dans la reconnaissance du respect de la dignité masque un certain flou dans la définition de sa signification et de sa portée normative. À première vue, la

---

18 Pour une analyse des causes de cette appropriation par le droit international de la notion de dignité après la Seconde Guerre mondiale, voir *infra* Partie 1, Chapitre 1, Section 1, A.

19 C. PERELMAN, « La sauvegarde et le fondement des droits de l'homme », *in* C. PERELMAN, *Le raisonnable et le déraisonnable en droit, au-delà du positivisme juridique,* Paris, LGDJ, 1984, p. 49.

20 Voir *infra* Partie 1, Chapitre 1, Section 1, B.

21 À titre d'exemple : article 1er de la Loi fondamentale allemande du 23 mai 1949 ; article 23 de la Constitution du Royaume de Belgique ; article 7 de la Constitution fédérale de la Confédération Suisse ; article 38 de la Constitution du Royaume du Cambodge ; article 1er de la Constitution de la République fédérative du Brésil, etc.

dignité renvoie à un invariable : elle s'identifie à ce qu'il y a de plus permanent en la personne humaine. Pourtant, en philosophie déjà, aucune caractérisation stabilisée n'a jamais fait autorité. Bien qu'on puisse repérer une double caractéristique, commune à toutes les définitions et à tous les usages contemporains de la notion de dignité – elle renvoie, d'une part, à l'égale appartenance de chaque individu à l'humanité conçue comme une commune nature et, d'autre part, à l'interdiction de traiter un individu comme un simple objet, corrélation de sa reconnaissance comme sujet –, la notion est et a été retravaillée, transformée et renouvelée en fonction des contextes politiques, sociaux et intellectuels propres à la contemporanéité de chaque auteur qui s'en est saisi.

Le but de la brève généalogie de la notion n'était pas tant de proposer une histoire du concept en philosophie, que de donner quelques indications afin de montrer toute la complexité et la polysémie du terme. La compréhension de la notion de respect de la dignité n'a cessé de changer en même temps que la compréhension de l'individu dans le monde. Entre contemplation du monde, écoute de la raison, connaissance de soi, autodétermination, reconnaissance d'une valeur absolue, ou encore capacité de se rendre digne par la moralité, le sens donné à la dignité n'a cessé de se transmuer. En outre, le respect de la dignité est toujours un engagement dans une situation ; il n'y a pas un respect de la dignité abstrait et spéculatif, situé hors du monde, qui soit valable pour toutes les situations pratiques de l'ici-bas. Ce que l'individu doit déterminer, ce n'est pas seulement comment respecter la dignité de l'humanité en général, mais celle de la personne avec qui il est en interaction. Il n'y a pas de forme figée de respect de la dignité qui permettrait de poser une définition stabilisée et universellement partagée de la notion ; chaque situation relationnelle exige sa propre expression du respect de la dignité.

Au regard de cette irréductible indétermination, la notion de respect de la dignité humaine semble condamnée à « échapper au droit qui ne saurait la définir et en désigner les détenteurs »[22]. Pourtant sa pleine intégration et sa large diffusion à l'ensemble du droit international des droits humains sont incontestables. Il semble aujourd'hui en effet difficile de dissocier la protection et la promotion des droits de la personne humaine de l'idée de respect de la dignité inhérente à chaque individu. Si, à première vue, cette dernière affirmation semble aller de soi, il s'agit pourtant d'une proposition paradoxale, si tant est que l'on conçoive le droit comme « un langage formalisé [ayant] besoin pour construire sa sémantique de classer ses éléments et de définir avec précision les objets qu'il manipule »[23]. Idéalement, il s'agit d'un système formel fondé sur des notions aux contours parfaitement définis, porteuses d'une définition précise, stabilisée et partagée, qui permet une qualification juridique déclenchant l'application d'une règle de droit. Comme l'écrit J. RIVERO, « le matériau qu'utilise la norme, ce sont les mots ; de la précision des termes choisis pour la formuler, de leur exacte adéquation à l'objet qu'elle entend saisir et discipliner, dépend pour l'essentiel son efficacité »[24]. En ce sens, on aurait pu penser que l'appropriation de la notion de respect de la dignité humaine par le droit aurait figé une définition de la dignité. Une définition n'ayant, certes, pas vocation à s'imposer à l'ensemble des disciplines qui étudient cette notion, mais une définition qui qualifie avec précision et

---

[22] F. SUDRE, « Préface », *in* B. MAURER, *Le principe de respect de la dignité humaine et la Convention européenne des droits de l'homme*, Paris, La Documentation française, 1999, p. 1.

[23] D. BOURCIER, « Argumentation et Définition en droit », *Langages*, Paris, Armand Colin, n° 42, 1976, p. 115.

[24] J. RIVERO, « Intérêts vitaux de la nation et fins humaines du pouvoir », *in Xe Journées d'études juridiques Jean Dabin. Licéité en droit positif et références légales aux valeurs. Contribution à l'étude du règlement juridique des conflits de valeurs en droit pénal, public et international*, Bruxelles, Bruylant, 1982, p. 530.

autorité ce qu'est – ou du moins ce que représente – la dignité en droit. Cependant, lorsqu'on lit l'ensemble des traités, constitutions, lois ou même jurisprudences qui mentionnent cette notion et le respect qui lui est dû, on constate qu'aucun texte n'entreprend de la définir.

L'indétermination intrinsèque à cette notion devenue fondamentale pour le droit international des droits humains provoque d'inévitables tensions. Si certains juristes considèrent que le flou qui l'entoure n'est pas un problème pour le droit, d'autres s'inquiètent des usages qui peuvent en être faits. Pour la première catégorie d'auteurs[25], le droit ne doit pas chercher à définir la dignité car cela supposerait de connaître l'essence de la personne humaine et le sens de l'existence, tâche qui n'est pas celle du juriste. Le respect de la dignité doit donc être posé : à défaut de savoir ce qu'il en est dans le domaine de l'être, il doit être affiché et respecté comme devoir-être. Il s'agit en réalité d'une question ontologique et métaphysique à laquelle on ne peut répondre que par une croyance, c'est-à-dire en tenant cette valeur pour une vérité incontestable. Pour eux, le fait que la dignité de la personne humaine ne soit pas démontrable n'est pas un problème car toute chaîne causale repose sur un indémontrable. La vraie difficulté consiste, en revanche, à déterminer quels interdits doivent être posés pour garantir le respect de celle-ci. D'autres auteurs considèrent également que le fait que cette notion ne soit jamais définie ou justifiée de manière précise n'est pas un problème pour le droit car elle n'est en réalité qu'un simple *slogan,* c'est-à-dire une formule rhétorique sans aucune signification pratique[26]. Face à ces

---

25 Voir notamment M. FABRE-MAGNAN, « La dignité en Droit : un axiome », *Revue interdisciplinaire d'études juridiques,* Bruxelles, Université de Saint Louis, 2007, vol. 58, n° 1, pp. 1-30.

26 R. ANDORNO, « Dignité humaine, droits de l'homme et bioéthique : quel rapport ? », *Journal International de Bioéthique,* Paris, Editions Eska, 2010, vol. 21, p. 54.

deux conceptions pour lesquelles l'indétermination intrinsèque à la notion de respect de la dignité n'est pas problématique pour le droit, se dressent plusieurs auteurs pour qui la variabilité de son contenu pose un véritable problème de sécurité juridique. Face à des « réalités complexes ou à des notions abstraites [comme celle de respect de la dignité humaine], dont le langage courant cerne mal les contours, la règle qui entend les appréhender laisse à l'interprète une marge dans laquelle l'insécurité qu'elle a pour mission de combattre va trouver refuge »[27]. Étant indéfinie et indéfinissable, sa détermination est, selon eux, abandonnée au pouvoir discrétionnaire des magistrats. L'inscription dans le droit d'une notion axiologique floue, donne au juge le pouvoir d'instituer l'ordre moral qui lui plaît ; « il s'attribue un pouvoir qui n'est plus juridique et qui fait de lui l'arbitre suprême des conflits de valeur [...] La notion est si vague, son contenu si indécelable qu'en l'inscrivant dans un texte normatif, le constituant donne une véritable délégation au juge »[28].

Cette brève présentation des tensions doctrinales que suscite l'appropriation d'une telle notion qui, outre son origine philosophique et son caractère axiologique, est indéterminable, révèle l'importance d'une étude précise du devenir juridique de la dignité.

La formalisation juridique de la notion de respect de la dignité humaine : problématique et enjeux

Après avoir présenté sa généalogie et identifié son irréductible indétermination ainsi que les débats doctrinaux

---

[27] J. RIVERO, « Intérêts vitaux de la nation et fins humaines du pouvoir », *in op. cit.*, p. 530.

[28] P. MARTENS, « Encore la dignité humaine : réflexions d'un juge sur la promotion par les juges d'une norme suspecte », *Les droits de l'homme au seuil du 3e millénaire, Mélanges en hommage à Pierre Lambert*, Bruxelles, Bruylant, 2000, pp. 565-569.

qu'elle suscite, nous allons pouvoir étudier plus avant ce qui constituera précisément notre sujet d'étude ; à savoir le devenir juridique de la notion de respect de la dignité humaine dans le droit international des droits humains. Par « devenir juridique » nous entendons le « mode d'être » de la notion. Le « mode d'être » d'une notion ne renvoie pas à son essence ou à sa substance, mais à sa ou à ses manifestations concrètes. Il s'agit de se demander quelle est – ou quelles sont –, les manifestations concrètes de la notion de respect de la dignité dans le droit international des droits humains. Sous quelle(s) forme(s) celui-ci s'est-il approprié cette notion d'origine philosophique et quelle(s) signification(s) lui a-t-il donnée(s) ? Juridiquement, cela revient à se demander si, extraite de sa discipline originelle et inscrite dans un instrument international relatif à la protection des droits de la personne humaine, la notion de respect de la dignité humaine a un véritable contenu prescriptif qui lui permet d'agir en tant que fondement d'action et de responsabilité. Si la réponse est positive, il conviendra d'établir ce que protège concrètement le respect de la dignité humaine.

Au-delà de cette problématique, l'enjeu de l'établissement du « mode d'être » juridique de la notion de respect de la dignité est de comprendre pourquoi cette dernière a fait irruption sur la scène du droit international des droits humains. Alors qu'elle existait depuis plus d'un millénaire, pourquoi, à un moment précis de l'histoire du droit, certains juristes ont-ils fait le choix d'introduire dans leur discipline une notion dont ils ne maîtrisaient pas le contenu ? Sont-ce les circonstances historiques qui les ont contraints à introduire cette notion dans les textes ? Est-ce une véritable volonté ? Par quoi était-elle motivée ? Cette transcription juridique a-t-elle permis le renforcement de la protection des droits humains en protégeant ce qu'aucun autre droit ou principe juridique ne protégeait déjà ? L'ensemble de ces questionnements constituent la « toile de fond » de notre travail sur le devenir juridique de la notion de respect de la dignité humaine dans le droit international des droits humains.

L'intérêt de la Charte africaine des droits de l'homme et des peuples comme objet d'étude

Comme, dans le cadre restreint de cette étude, il n'est pas possible d'étudier l'ensemble des conventions internationales relatives à la protection des droits humains qui mentionnent la notion de respect de la dignité, nous avons choisi de concentrer notre réflexion sur un texte qui nous semblait particulièrement pertinent pour cette recherche : la Charte africaine des droits de l'homme et des peuples.

Cette convention a été adoptée par la Conférence des Chefs d'État et de Gouvernement de l'Organisation de l'Unité Africaine, le 28 juin 1981, à Nairobi au Kenya, et est entrée en vigueur le 21 octobre 1986 à la suite de sa ratification par 25 États membres de l'Organisation. L'idée de rédiger un texte qui établisse un mécanisme de protection des droits humains en Afrique est née au début des années 1960. C'est lors du premier Congrès des juristes africains, organisé à Lagos en février 1961, que le premier texte relatif à la protection des droits de la personne humaine a vu le jour. Le quatrième paragraphe de la résolution adoptée à l'issue de ce congrès – connue sous le nom de « Loi de Lagos » – énonçait « qu'afin de donner plein effet à la Déclaration universelle des droits de l'homme de 1948, les gouvernements africains devraient étudier la possibilité d'adopter une Convention africaine des droits de l'homme prévoyant notamment la création d'un tribunal approprié et de voies de recours ouvertes à toutes les personnes relevant de la juridiction des États signataires ». Cette proposition ne fut cependant pas concrétisée. La Charte de l'OUA, adoptée deux ans plus tard, le 25 mai 1963, n'imposa aucune obligation en matière de protection des droits humains aux États membres mais se contentait de rappeler, au 8e considérant de son Préambule, son adhésion à la Déclaration universelle des droits de l'homme. En 1967, à la suite d'un projet de résolution introduit par la délégation nigériane à la Commission des droits de l'homme des Nations Unies, ladite Commission créa un groupe de travail *ad hoc* chargé d'étudier la possibilité de création de commissions régionales de protection des droits humains sur les continents qui n'en étaient pas encore pourvus[29]. En 1978, cette même Commission adopta une résolution appelant le Secrétaire général de l'ONU à fournir l'assistance nécessaire pour la création d'un système régional de protection des droits humains en Afrique[30]. Cette influence, conjuguée à une série d'évènements endogènes au continent qui focalisèrent l'attention de l'opinion publique continentale et internationale – violations massives des droits humains perpétrées dans un certain nombre de pays tels l'Ouganda d'Amin Dada ou la Centrafrique de Jean Bedel Bokassa –, aboutirent à l'adoption, par la Conférence des Chefs d'État et de Gouvernement de l'OUA, de la décision 115 (XVI) proposée par le représentant de l'Ile Maurice et le Président du Sénégal, Léopold S. Senghor. Le deuxième paragraphe de ce texte disposait que : « l'Assemblée demande au Secrétaire Général : [...] d'organiser dès que possible, dans une capitale africaine, une réunion restreinte d'experts de haut niveau afin de préparer un projet préliminaire d'une "Charte africaine des droits de l'homme et des peuples" prévoyant entre autres l'établissement d'institutions pour promouvoir et protéger les droits de l'homme et des peuples »[31]. La réunion d'experts fut convoquée quatre mois plus tard à Dakar, du 28 novembre au 8

---

29 Commission des droits de l'homme des Nations Unies, *Résolution 6 (XXIII)* du 16 mars 1967.

30 Commission des droits de l'homme des Nations Unies, *Résolution 24 (XXXIV)* du 8 mars 1978.

31 Conférence des Chefs d'État et de Gouvernement de l'OUA, *Décision 115 (XVI) Rev. 1* du 20 juillet 1979.

décembre 1979, sous la présidence du juge sénégalais Keba M'Baye, et prépara un projet initial de Charte. Après deux sessions de conférences ministérielles réunissant 35 États africains, un texte fut adopté et transmis à la Conférence des Chefs d'État et de Gouvernement de l'OUA, réunie à Nairobi du 24 au 28 juin 1981 pour sa 18e session. La Charte africaine des droits de l'homme et des peuples fut adoptée le dernier jour de cette session par l'ensemble des 31 États membres présents à cette conférence[32].

Dans le cadre de ce travail qui souhaite étudier le devenir juridique de la notion de respect de la dignité, la Charte africaine nous est apparue comme le texte le plus intéressant à étudier pour plusieurs raisons[33]. Tout d'abord, en mentionnant à quatre reprises la notion de respect de la dignité, elle est l'instrument juridique relatif à la protection des droits humains pourvu d'une force obligatoire qui a le plus recours cette notion[34]. Ensuite, l'article 30 dudit texte porte création d'une Commission africaine des droits de l'homme et des peuples « chargée de promouvoir les droits de l'homme et des peuples et d'assurer leur protection en Afrique[35] ». Depuis 1987, cette instance a formé un corpus jurisprudentiel qui permet de densifier le matériau brut de cette étude. En outre, le 10 juin 1998 fut adopté le Protocole relatif à la Charte africaine des droits de l'homme et des peuples por-

---

32 Pour une analyse plus complète de la genèse de la Charte Africaine, voir F. OUGUERGOUZ, *La Charte africaine des droits de l'homme et des peuples. Une approche juridique des droits de l'homme entre tradition et modernité,* Paris, Presses Universitaire de France, 1993, pp. 41-64.

33 En revanche, l'absence de travaux préparatoires au texte a constitué un obstacle qu'il convient de relever.

34 La Convention européenne des droits de l'homme de 1950 n'en fait aucune mention. Les Pactes de 1966 ne la mentionnent qu'à trois reprises, la Convention américaine relative aux droits de l'homme de 1969 à trois reprises, la Convention internationale sur l'élimination de toutes les formes de discrimination raciale de 1969 à trois reprises, tout comme la Convention sur l'élimination de toutes les formes de discrimination raciale de 1969.

35 ChADHP, article 30.

tant création d'une Cour africaine des droits de l'homme et des peuples[36]. Ce texte, entré en vigueur six ans plus tard[37], a « fini par instaurer sur le continent [africain] une juridiction de protection des droits »[38]. Depuis, le 15 décembre 2009 – date à laquelle elle a rendu son premier arrêt[39] –, la Cour constitue une jurisprudence contraignante – certes moins abondante et pertinente relativement à notre sujet – qu'il convient de prendre en considération[40]. Enfin, et c'est particulièrement cela qui a retenu notre attention, la Charte de 1981 multiplie les « modes d'être » juridiques de la notion de respect de la dignité humaine. À l'instar de nombreuses conventions internationales relatives à la protection des droits de la personne humaine, elle inscrit la notion de respect de la dignité à deux reprises dans son Préambule. Le 2e considérant dispose que « [...] la liberté, l'égalité, la justice et la dignité sont des objectifs essentiels à la réalisation des aspirations légitimes des peuples africains », et le 8e rappelle le « [...] devoir de libérer totalement l'Afrique dont les peuples continuent à lutter pour leur indépendance véritable et leur

---

36 La Cour et la Commission sont toutes les deux compétentes en matière de protection des droits de la personne humaine – cette dernière assure aussi une mission de promotion des droits humains. À la différence de la Commission, les individus et les ONG ne peuvent saisir directement la Cour que si l'État défendeur a ratifié le protocole de Ouagadougou du 10 juin 1998 et émis une déclaration facultative de reconnaissance de la compétence de la Cour (article 34, § 6), que seulement neuf États parties ont déposée. Dans le cas contraire, ils doivent saisir la Commission qui pourra ensuite, si elle l'estime nécessaire, saisir la Cour et lui transmettre une communication. À l'inverse, la Cour peut décider de renvoyer une plainte vers la Commission et solliciter l'avis de la Commission avant de statuer sur la recevabilité d'une requête.

37 Il est entré en vigueur le 25 janvier 2004 et est aujourd'hui ratifié par trente États membres de l'Union Africaine.

38 L. BURGORGUE-LARSEN, G.-F. NTWARI, « Chronique de jurisprudence de la Cour africaine des droits de l'homme et des peuples (2015-2016) », *Revue trimestrielle des droits de l'homme*, Bruxelles, Anthemis, n° 113, 2018, p. 128.

39 CADHP, *Michelot Yogogombaye c. Sénégal*, arrêt du 15 décembre 2009.

40 En novembre 2016, la Commission avait rendu 434 communications. La Cour n'avait rendu, quant à elle, que 53 arrêts.

dignité [...] ». En revanche, plus rares sont les deux occurrences de cette notion dans le dispositif du texte, à l'article 5 – « Tout individu a droit au respect de la dignité inhérente à la personne humaine et à la reconnaissance de sa personnalité juridique. Toutes formes d'exploitation et d'avilissement de l'homme notamment l'esclavage, la traite des personnes, la torture physique ou morale, et les peines ou les traitements cruels inhumains ou dégradants sont interdits. » – et à l'article 19 – « Tous les peuples sont égaux ; ils jouissent de la même dignité et ont les mêmes droits. Rien ne peut justifier la domination d'un peuple par un autre ». En première analyse, on peut constater que la notion de respect de la dignité apparaît dans les deux parties constitutives de la convention, qui n'ont ni la même signification juridique ni les mêmes fonctions dans l'économie générale du texte qu'elles composent. Les rédacteurs de la Charte africaine ont donc sciemment fait le choix de dédoubler le devenir juridique de la notion de respect de la dignité humaine pour lui conférer deux significations et deux « portées » juridiques différentes. Une lecture rapide de ces quatre énoncés révèle aussi une autre singularité : à la différence des autres traités relatifs à la protection des droits de la personne humaine, la Charte ne semble pas lier le respect de la dignité uniquement aux individus, mais le rattache aussi aux peuples. Ainsi, outre un dédoublement de la forme du devenir juridique de la notion, le Charte de Banjul semble opérer une « collectivisation » du respect de la dignité humaine.

Relativement à notre volonté d'analyser les « modes d'être » juridiques de cette notion philosophique pour être en mesure de dire si, malgré son indétermination intrinsèque, celle-ci a un véritable contenu prescriptif, nous structurerons notre recherche à partir de ce double constat : dédoublement et collectivisation de la notion. Nous examinerons d'abord le premier « mode d'être » juridique de la notion de respect de la dignité humaine que l'on retrouve dans le Préambule de la

Charte, sous la forme de ce que nous avons choisi d'appeler un *principe axiologique* (*Partie 1*) ; avant d'étudier sa seconde manifestation juridique qui prend la forme d'un *droit dual* inscrit dans le dispositif de la Charte (*Partie 2*).

1re PARTIE

LE RESPECT DE LA DIGNITÉ HUMAINE COMME PRINCIPE AXIOLOGIQUE

Dans la Charte africaine, la notion de « dignité » et sa conséquence implicite et nécessaire, le respect de celle-ci, apparaît en premier lieu dans le Préambule. Son 2e paragraphe considère que « la liberté, l'égalité, la justice et la dignité sont des objectifs essentiels à la réalisation des aspirations légitimes des peuples africains ». Au 8e considérant, les États africains parties à la Charte, « conscients de leur devoir de libérer totalement l'Afrique dont les peuples continuent à lutter pour leur indépendance véritable et leur dignité, [...] s'engagent à éliminer le colonialisme, le néocolonialisme, l'apartheid, le sionisme, les bases militaires étrangères d'agression et toutes formes de discrimination, notamment celles fondées sur la race, l'ethnie, la couleur, le sexe, la langue, la religion ou l'opinion politique ». Le préambule, partie introductive d'un traité – le mot latin *preambulus* signifiant ce qui vient avant –, comporte, en général, « l'énumération des parties contractantes [...], ainsi que l'exposé du but et des motifs qui ont déterminé la conclusion du traité »[41]. Bien que son contenu puisse constituer un élément d'interprétation, il est souvent dépourvu de force obligatoire. Dans l'affaire du *Sud-Ouest africain,* la CIJ a, en ce sens, déclaré que « le préambule de la Charte des Nations unies constitue la base morale et politique des décisions juridiques qui sont énoncées ensuite. De telles considérations ne sont pas cependant en elles-mêmes des règles de droit[42] ». Il ressort de cette caractérisation, trois traits distinctifs principaux : le préambule est dépourvu de force obligatoire ; il énonce les objectifs d'un traité ; il fonde moralement le texte qu'il précède. Ainsi, tenant compte de ce statut préambulaire, nous verrons que la première forme du devenir

41 G. CORNU, *Vocabulaire juridique,* Paris, PUF, 2007, p. 702.

42 CIJ, *Sud-Ouest africain* (Libéria/Afrique du Sud), 18 juillet 1966, *Recueil 1966*, p. 6.

juridique de la notion de respect de la dignité est celle d'un principe axiologique.

Dans le langage commun, un principe est « l'origine première d'une chose »[43]. Pour la philosophie logique, un principe est « la proposition posée au début d'une déduction, ne se déduisant elle-même d'aucune autre dans le système considéré, et par suite mise, jusqu'à nouvel ordre, en dehors de toute discussion »[44]. Ces deux définitions révèlent le caractère premier, l'antériorité indépassable du principe. Une acception, venant des sciences naturelles cette fois-ci, fait du principe un « élément qui entre dans la constitution ou l'élaboration de quelque chose en raison de ses propriétés »[45]. Si l'on synthétise cet ensemble de définitions, on peut catégoriser un principe comme étant un élément originel, non déductible, indubitable entrant dans la composition de quelque chose qui le dépasse. Il semble alors difficile de différencier un principe d'un postulat, défini comme « une proposition que l'on demande d'admettre comme principe d'une démonstration, bien qu'elle ne soit ni évidente ni démontrée »[46]. En droit international, le terme « principe » est, trop souvent, uniquement associé à la catégorie juridique des « principes généraux de droit » reconnue à l'article 38 du statut de la CIJ comme une source du droit international. En reprenant la définition qu'en propose A. PELLET, un principe général est, pour le droit international, une norme juridique non écrite, générale et impersonnelle, acceptable par les juristes formés à tous les grands systèmes de droit actuels bien qu'elle n'ait pas encore reçu d'application concrète, et qui

---

43 Définition proposée par le Centre National de Ressources Textuelles et Lexicales (CNRS-ATIF).

44 A. LALANDE, *Vocabulaire technique et critique de la philosophie,* Paris, PUF, 2010, p. 827.

45 Définition proposée par le Centre National de Ressources Textuelles et Lexicales (CNRS-ATIF).

46 *Ibidem*

trouve son origine dans les divers droits nationaux[47]. Il s'agit donc d'une règle que le juge international développe à partir des expériences des différents systèmes juridiques nationaux. Néanmoins, cette catégorie n'a pas le monopole de l'usage juridique du terme « principe ». Le *Vocabulaire juridique* de l'Association Henri Capitant définit le terme « principe » comme une « règle juridique établie par un texte en termes assez généraux destinée à inspirer diverses applications et s'imposant avec une autorité supérieure »[48]. J. SALMON précise cette définition en écrivant qu'un « principe juridique est une proposition de portée générale, présentée sous une forme ramassée et synthétique, [...] susceptible de servir de fondement à des règles de droit par le biais d'un raisonnement déductif »[49]. Il convient néanmoins de préciser, avec M. VIRALLY, que si son contenu et son abstraction lui confèrent une supériorité d'un point de vue théorique et matériel, un principe juridique n'a pas vocation à exercer une supériorité formelle sur les autres normes du droit international[50].

Au vu de ce travail définitionnel, il pourrait sembler légitime d'affirmer que le respect de la dignité est un principe juridique. Mais cette affirmation n'est pourtant pas entière-

---

47 A. PELLET, *Recherches sur les principes généraux de droit international*, Paris, Thèse de doctorat, 1974, p. 9.

48 G. CORNU, *op. cit.*, p. 720. Comme la CIJ, le *Vocabulaire juridique* de l'Association Henri Capitant ne fait pas de différence de nature entre règle et principe. La Cour de La Haye affirme, en effet, qu'il ne s'agit « que d'une expression double pour énoncer la même idée, car [...] on entend manifestement par principes des principes de droit, donc aussi des règles de droit international pour lesquelles l'appellation de principes peut être justifiée en raison de leur caractère plus général et fondamental » (CIJ, *Délimitation de la frontière maritime dans la région du Golfe du Maine* (*Canada c. États-Unis*), 12 octobre 1984, *Recueil 1984*, pp. 189-190, § 79).

49 J. SALMON (dir.), *Dictionnaire de droit international public*, Bruxelles, Bruylant/AUF, 2011, pp. 876-877.

50 M. VIRALLY, « Le rôle des "principes" dans le développement du droit international », *in* M. VIRALLY, *Le droit international en devenir. Essais écrits au fil des ans*, Paris, PUF, 1990, p. 208.

ment satisfaisante. En effet, en droit international, un principe peut avoir une force obligatoire lui permettant d'agir comme une véritable norme juridique, capable de prescrire à des sujets de droit une obligation ou une autorisation, ou d'habiliter des organes de l'ordre juridique à exercer certains pouvoirs selon une certaine procédure. Or, eu égard à son statut préambulaire, tel n'est pas le cas pour la première forme du devenir juridique du respect de la dignité dans la Charte africaine. C'est pourquoi, pour désigner celle-ci, nous avons choisi d'adosser au substantif « principe », l'épithète « axiologique », c'est-à-dire relatif à une valeur estimée parce que donnée et jugée comme objectivement bonne et respectable. Le premier « mode d'être » juridique de la notion de respect de la dignité nous semble être un principe axiologique, car il constitue un « postulat éthique porteur des valeurs de base qui inspirent l'ordre juridique dans son ensemble, éclaire et informe la connaissance du droit positif en fournissant aux usagers et interprètes du droit les éléments [...] susceptibles de contribuer à la compréhension et, par-là même, à l'application et à l'évolution du droit positif »[51]. Il est « l'illustration d'un sentiment commun profond de ce qui est juste au regard des circonstances [...] [Il fait alors office] de critère de justice cherchant à concrétiser son contenu en des normes plus détaillées et à secourir l'opérateur dans ses choix concrets »[52]. La constitution de ce syntagme permet ainsi de faire ressortir l'aspect premier, fondamental et général de cette forme initiale du devenir juridique de la notion, tout en mettant en exergue son absence de force obligatoire. Nous tenons, cependant, à préciser qu'il n'est pas pour au-

---

51 M. KOSKENNIEMI reconnaît aux principes juridiques une fonction « axiologique » qu'il définit ainsi. Voir M. KOSKENNIEMI « *General principles : Reflexions on Constructivist Thinking in International Law* », *in* M. KOSKENNIEMI (dir.), *Sources of International Law,* Burlington, Dartmouth Publishing Company Limited, 2000, pp. 378-379.

52 R. KOLB, *La bonne foi en droit international public. Contribution à l'étude des principes généraux de droit*, Paris, PUF, 2000, p. 57.

tant un simple principe philosophique ou moral, puisqu'il a pénétré l'ordre juridique ; il a été formalisé dans l'instrument juridique contraignant qu'est la Charte africaine des droits de l'homme et des peuples, et a ainsi dépassé cette condition originelle.

Pour éclaircir la signification du principe axiologique de respect de la dignité humaine tel qu'il est inscrit dans le Préambule du texte de 1981, nous nous intéresserons à son origine et à ses modalités d'intégration dans le droit africain des droits humains (*Chapitre 1*), avant de nous pencher sur ses qualités et propriétés (*Chapitre 2*).

Chapitre 1. L'introduction du principe axiologique de respect de la dignité humaine dans la Charte africaine : entre transcription et réappropriation

La dignité n'a pas toujours fait partie intégrante du champ lexical du droit. Nous l'avons vu, il s'agit avant tout d'une notion théologico-philosophique que les philosophes eux-mêmes ont eu du mal à saisir. Ils ont senti la nécessité de formuler un tel concept qui puisse ennoblir la condition humaine par rapport aux autres formes de vie et lier l'ensemble des individus sur la base de leur appartenance à la communauté humaine, sans parvenir, pour autant, à consolider une définition satisfaisante et unanimement partagée. Malgré son indétermination fondamentale, le droit international des droits humains s'est saisi du concept pour en faire un principe axiologique : le principe de respect de la dignité humaine. La ChADHP, adoptée trente-trois ans après la DUDH, s'inscrit dans ce *cycle de la dignité juridique* (*Section 1*). Pour autant, l'explication du devenir africain de ce principe ne peut se réduire à la simple mise en exergue de l'influence des précédents normatifs ; la Charte africaine ne s'est pas contentée d'une transcription littérale mais s'est réappropriée le principe de respect de la dignité humaine eu égard à l'histoire propre du continent (*Section 2*).

Section 1. L'influence du droit international des droits humains : l'élément explicatif exogène

L'appropriation de la notion de dignité par le droit international au lendemain de la Seconde Guerre mondiale a visé à rappeler l'égalité ontologique de tous les êtres humains et l'exigence éthique de respect de tout individu qui en découle (§ 1). L'impossibilité de définir objectivement ce qu'est la dignité n'a pas empêché la notion de devenir une des pierres angulaires du droit international des droits humains (§ 2). La Charte africaine, dans la lignée des précédents normatifs qui ont influencé ses rédacteurs, est incontestablement l'héritière de ce moment de réaffirmation d'une commune humanité (§ 3).

§ 1. De la nécessaire réaffirmation d'une commune humanité après la Seconde Guerre mondiale

Les premières proclamations nationales de droits fondamentaux se fondaient sur les notions de liberté et d'égalité et non sur celle de dignité. Si la notion de dignité avait déjà été formulée par les théologiens et philosophes, elle n'avait pas pénétré la sphère du droit ; le respect de la liberté était alors pensé comme suffisant pour garantir celui de la dignité. Mais, avec les évolutions historiques, les ennemis changent. À la suite des atrocités du régime nazi, il ne s'est alors plus agi de protéger la dignité par le seul truchement de la liberté et de l'autonomie de l'individu, mais de protéger la dignité en elle-même et par elle-même. Si l'individu libre demeure incontestablement l'objet et la finalité des droits humains, la liberté est relue à la lumière de la dignité. La dignité exige certes la liberté, mais la liberté n'est pas toute la dignité. La dignité est plus exigeante puisqu'elle envisage la personne en relation. Par-là, elle engendre une responsabilité qui fonde des devoirs, tant de la part des États que des individus[53].

L'acte constitutif de l'UNESCO du 16 novembre 1945 fait clairement le lien entre la Seconde Guerre mondiale et l'intégration du concept de dignité humaine dans le droit

---

53 Voir H. JONAS, *Le Principe de responsabilité. Une éthique pour la civilisation technologique*, Paris, Flammarion, 2013, 470 p.

international. Il affirme, dans son préambule, que « la grande et terrible guerre qui vient de finir a été rendue possible par le reniement de l'idéal démocratique de dignité, d'égalité et de respect de la personne humaine »[54]. En effet, le régime nazi ne s'est pas contenté de violer les droits humains ; il a plus radicalement nié ce qui est à leur principe ou, plus exactement, ce qui constitue leur principe, à savoir l'égalité ontologique de tous les humains. Ce ne sont pas seulement des droits qui ont été refusés mais la qualité de personne humaine qui a été déniée. Il ne faut pas confondre « les horreurs de la guerre [...] [avec] l'intention exterminatrice délibérément et longuement mûrie [...], systématiquement perpétrée »[55] à l'encontre des Juifs et des autres minorités. La Shoah est le « crime qui a rompu le pacte métaphysique de la reconnaissance ontologique qui fonde l'unité symbolique du genre humain »[56]. Après cet événement indescriptible et imprescriptible, il était nécessaire de réaffirmer certaines valeurs pouvant refonder une commune humanité. Les notions de dignité et d'humanité ont alors fait leur entrée au même moment dans le champ juridique[57]. La dignité renvoie à l'idée que quelque chose est dû à l'individu du seul fait qu'il est membre de la communauté humaine ; elle est tout à la fois le plus petit dénominateur commun et la preuve d'une humanité en partage. Elle n'est conditionnée à rien d'autre

---

[54] Acte constitutif de l'UNESCO, 3e considérant du Préambule.

[55] V. JANKELEVITCH, *L'imprescriptible. Pardonner ? Dans l'horreur et la dignité,* Paris, Seuil, 1996, p. 19.

[56] *Ibid.*

[57] Les notions de dignité et d'humanité ne doivent pas être confondues. La notion de dignité comprend celle d'humanité, alors que la notion d'humanité ne rend pas compte de toute la dignité. Ceci s'explique notamment par le critère finaliste déterminant dans la caractérisation du crime contre l'humanité. Pour analyse plus détaillée de cette distinction conceptuelle, voir V. GIMENO CABRERA, *Le traitement jurisprudentiel du principe de dignité de la personne humaine dans la jurisprudence du Conseil Constitutionnel français et du tribunal constitutionnel espagnol,* Paris, LGDJ, 2004, p. 64.

que le fait d'appartenir à l'espèce humaine. La dignité apparaît alors comme la notion qui semble le mieux à même de réaffirmer cette commune humanité niée par le nazisme et ses succédanés.

§ 2. L'omniprésence du principe axiologique de respect de la dignité dans le droit international des droits humains

La première allusion à la dignité humaine dans un texte normatif est celle de l'article 151 de la Constitution allemande, dite de « Weimar », du 11 août 1919[58]. En droit international, le principe de respect de la dignité apparaît dans la Déclaration de Philadelphie du 17 mai 1944[59] et dans le préambule de la Charte des Nations Unies (ChNU) du 26 juin 1945[60], avant de figurer deux fois dans celui de la DUDH du 10 décembre 1948[61]. Depuis ce texte fondateur du droit international des droits humains, la référence à la notion de dignité et au principe de respect qui en découle

---

58 Article 151 : « L'organisation de la vie économique doit correspondre aux principes de la justice et se proposer comme but de garantir à tous une existence digne de l'homme. Dans ces limites la liberté économique de l'individu sera assurée ».

59 II, e : « [...] la Conférence affirme que [...] tous les êtres humains, quels que soient leur race, leur croyance ou leur sexe ont le droit de poursuivre leur progrès matériel et leur développement spirituel dans la liberté et la dignité, dans la sécurité économique et avec des chances égales ».

60 Préambule, 2e considérant : « Nous peuple des Nations unies, résolus [...] à proclamer à nouveau notre foi dans les droits fondamentaux de l'homme, dans la dignité et la valeur de la personne humaine, dans l'égalité de droits des hommes et des femmes, ainsi que des nations, grandes et petites ».

61 Préambule, 1er considérant: « Considérant que la reconnaissance de la dignité inhérente à tous les membres de la famille humaine et de leurs droits égaux et inaliénables constitue le fondement de la liberté, de la justice et de la paix dans le monde [...] Considérant que dans la Charte les peuples des Nations Unies ont proclamé à nouveau leur foi dans les droits fondamentaux de l'homme, dans la dignité et la valeur de la personne humaine, dans l'égalité des droits des hommes et des femmes, et qu'ils se sont déclarés résolus à favoriser le progrès social et à instaurer de meilleures conditions de vie dans une liberté plus grande ».

s'est multipliée dans ce champ spécifique du droit international. On retrouve ce principe inscrit dans les Préambules de la Déclaration américaine des droits et des devoirs de l'homme (1er et 2e considérants), du Pacte international relatif aux droits civil et politiques du 16 décembre 1966 (1er et 2e considérants), du Pacte international relatif aux droits économiques sociaux et culturels du 16 décembre 1966 (1er et 2e considérants), de la Convention internationale sur l'élimination de toutes les formes de discrimination raciale du 21 décembre 1969 (1er, 2e et 5e considérants), de la Convention sur l'élimination de toutes les formes de discrimination à l'égard des femmes du 1er mars 1980 (1^{er,} 2e et 7e considérants), de la Convention contre la torture et autres peines ou traitements cruels, inhumains ou dégradants du 10 décembre 1984 (2e considérant), de la Convention relative aux droits de l'enfant du 26 janvier 1990 (1er, 2e et 7e considérants), de la Convention pour la protection des droits de l'homme et la dignité de l'être humain du 4 novembre 1997 (10e, 11e et 17e considérants), de la Charte arabe des droits de l'homme du 23 mai 2004 (1er considérant) et de la Convention relative aux droits des personnes handicapées du 13 décembre 2006 (1er, 8e et 25e considérants). Il est intéressant de noter que ce n'est pas dans la Charte de 1981 qu'apparaît pour la première fois le terme « dignité » dans une convention multilatérale africaine. L'article 1, § 3 de la Charte culturelle de l'Afrique, adoptée le 5 juillet 1976 à Port-Louis et actuellement ratifiée par 34 États, dispose que : « les objectifs de la présente Charte sont les suivants : [...] affirmer la dignité de l'homme africain et les fondements populaires de sa culture ». Dans le sillage de la Charte, la dignité a ensuite été inscrite au 5e considérant du Préambule de la Charte africaine des droits et du bien-être de l'enfant[62] (11 juillet 1990), au 1er considérant du

---

62 Préambule, 5e considérant : « Reconnaissant que l'enfant, compte tenu des besoins liés à son développement physique et mental, a besoin de soins particuliers pour son développement corporel, physique, mental, moral et social, et qu'il a besoin d'une protection légale dans des conditions de liberté, de dignité

Protocole relatif à la Charte africaine des droits de l'homme et des peuples portant création d'une Cour africaine des droits de l'homme et des peuples[63] (10 juin 1998), au 3e considérant de l'Acte constitutif de l'Union Africaine[64] (11 juillet 2000), au 10e considérant du Protocole à la Charte africaine des droits de l'homme et des peuples relatif aux droits de la femme en Afrique[65] (11 juillet 2003) ainsi qu'au 2e considérant de la Charte africaine de la jeunesse[66] (2 juillet 2006). Enfin, 43 Constitutions des 55 pays du continent mentionnent le terme de « dignité » dans leur Préambule ou dans leur dispositif.

Cet « inventaire à la Prévert » non exhaustif, n'a aucune fonction épistémique, mais simplement valeur d'illustration. Il montre qu'un concept d'origine philosophique, sans définition stable, s'est largement diffusé dans le droit international et régional des droits humains pour finalement

et de sécurité ».

63 Préambule, 1er considérant : « Considérant la Charte de l'Organisation de l'Unité Africaine aux termes de laquelle la liberté, l'égalité, la justice, la paix et la dignité sont des objectifs essentiels à la réalisation des aspirations légitimes des peuples africains ».

64 Préambule, 3e considérant : « Rappelant les luttes héroïques menées par nos peuples et nos pays pour l'indépendance politique, la dignité humaine et l'émancipation économique ».

65 Préambule, 10e considérant : « Reconnaissant le rôle crucial des femmes dans la préservation des valeurs africaines basée sur les principes d'égalité, de paix, de liberté, de dignité, de justice, de solidarité et de démocratie ».

66 Préambule, 2e considérant : « Guidés par la vision, l'espoir ainsi que les aspirations de l'Union africaine comprenant l'intégration africaine, le respect de la dignité et des droits inaliénables inhérents à tous les membres de la famille humaine visés par la Déclaration universelle des Droits de l'Homme (1948), la Convention internationale des Droits Civils et Politiques (1976) et la Convention Internationale sur les Droits Economiques, Sociaux et Culturels (1976) et préconisés pour les peuples africains par la Charte africaine des Droits de l'Homme et des Peuples (1986) ».

être repris dans la quasi-totalité des instruments de protection[67].

§ 3. L'influence des précédents normatifs sur la Charte africaine

La DUDH et la ChNU sont les références de la plupart des instruments juridiques internationaux et régionaux de protection des droits humains. Le Préambule de la Charte de l'OUA du 25 mai 1963 fait déjà mention de ces deux textes en proclamant l'adhésion des États membres de l'OUA aux principes qu'ils renferment. Dans son Préambule, la ChADHP vise à son tour la Charte de l'OUA – organisation sous l'égide de laquelle fut élaborée la Charte de Banjul – et fait siens les objectifs de la Charte de l'organisation interétatique. Elle exhorte même les États africains à favoriser la coopération internationale en tenant dûment compte de la ChNU et de la DUDH[68]. Au-delà d'une simple référence, la DUDH constitue, du fait de son objet, son antériorité et son universalité, le parangon de la ChADHP ; elle en est « la source d'inspiration première »[69]. Plus intéressante encore, car moins explicite, est l'influence des deux Pactes de 1966 qui traduisent la volonté de la communauté internationale de consacrer dans des textes contraignants l'essentiel des droits proclamés dans la DUDH. La ChADHP porte les stigmates

---

67 La Convention européenne des droits de l'homme est une exception notable.

68 3e considérant du Préambule : « Réaffirmant l'engagement qu'ils ont solennellement pris à l'Article 2 de ladite Charte, [...] de favoriser la coopération internationale en tenant dûment compte de la Charte des Nations Unies et de la Déclaration Universelle des Droits de l'Homme ».

69 M. KAMTO, « Préambule », *in* M. KAMTO (dir.), *La Charte africaine des droits de l'homme et des peuples et le protocole additionnel y relatif portant création de la Cour africaine des droits de l'homme. Commentaire article par article*, Bruxelles, Bruylant, 2011, p. 4. M. KAMTO affirme même que les dix-sept premiers articles dudit texte consacrés à ces droits et libertés sont en effet des réécritures ou des adaptations de diverses dispositions de la DUDH. Pour une lecture croisée des catalogues de droits de la ChADHP et de la DUDH, voir M. KAMTO, *op. cit.*, pp. 4-10.

de ces deux conventions, à tout le moins à deux niveaux : sur le plan substantiel, à travers la consécration des droits reconnus à la personne humaine, et sur le plan institutionnel, avec la mise en place d'un organe de surveillance ou de contrôle de l'application des droits reconnus et garantis par les États[70].

Plusieurs des dispositions de la Charte sont inspirées d'autres instruments juridiques internationaux. Il en est ainsi d'instruments déclaratoires comme la résolution 1514 (XV) du 14 décembre 1960 de l'AGNU portant Déclaration sur l'octroi de l'indépendance aux pays et peuples coloniaux ; la Charte accordant une place importante à ce droit dans le cadre des droits collectifs qu'elle consacre. Enfin, la Déclaration américaine des droits et devoirs de l'homme du 30 avril 1948 a elle aussi certainement influencé les rédacteurs de la Charte de Banjul, puisqu'elle développe l'article 29. 1 de la

70 Sur le premier point relatif à la substance, la Charte de Banjul reconnaît et consacre à la fois les droits civils et politiques et les droits économiques, sociaux et culturels – les articles 3 à 13 sont consacrés aux droits civils et politiques, et les articles 14 à 17, aux droits économiques, sociaux et culturels –. Cette consécration normative trouve son fondement dans l'interdépendance qui existe entre ces deux grandes catégories de droits et qui est clairement affirmée par le troisième considérant des Préambules des Pactes de 1966 : « l'idéal de l'être humain libre, jouissant des libertés civiles et politiques et libéré de la crainte et de la misère, ne peut être réalisé que si des conditions permettent à chacun de jouir de ses droits civils et politiques aussi bien que de ses droits économiques, sociaux et culturels ». Cette interdépendance exprime simplement l'idée selon laquelle les droits civils et politiques n'ont de véritable valeur pour un individu qu'autant que ses droits économiques, sociaux et culturels sont respectés, et *vice versa*. En matière institutionnelle, la ChADHP a d'abord institué comme premier organe de contrôle de son application un organe quasi-juridictionnel, à savoir la Commission africaine des droits de l'homme et des peuples. Cette Commission utilise le même mode opératoire et les mêmes outils de contrôle que le Comité des droits de l'homme. Le système africain de protection des droits humains ne s'est cependant pas arrêté au niveau des organes quasi-juridictionnels, tel que suggéré par le modèle des Pactes de 1966, puisqu'il a créé une véritable Cour par un Protocole additionnel à la Charte portant création de la Cour africaine des droits de l'homme et des peuples en 1998.

DUDH[71] en consacrant son Préambule à une exaltation des « devoirs de l'homme » et en décrivant avec précision ces derniers dans dix articles de son dispositif. L'influence générale incontestable de ces textes sur la Charte africaine se retrouve aussi au niveau de la consécration préambulaire du principe de respect de la dignité. Les préambules de ces textes mentionnent, en effet, le principe du respect de la dignité. Il figure au 2e considérant de la ChNU, aux 1er et 5e considérants de la DUDH, aux 1er et 2e considérants des Pactes de 1966, au 1er considérant de la résolution 1514 (XV) et au 1er considérant de la Déclaration américaine des droits et devoirs de l'homme.

Néanmoins, les rédacteurs de la Charte de Banjul ne se sont pas contentés d'intégrer ce principe « prémâché » par le monde occidental pour composer une simple copie des instruments de protection des droits humains préexistants ; ils l'ont transformé et adapté aux spécificités du continent. Déjà, nous l'avons vu, la Charte de l'OUA faisait du respect de la dignité humaine un de ses objectifs, mais elle le liait à la réalisation « des aspirations légitimes des peuples africains ». Sans droit à l'autodétermination des peuples[72], la dignité humaine de « l'homme africain » ne pouvait être respectée. Pour que cette dernière soit respectée, les peuples africains devaient se libérer du joug colonial, synonyme de négation de la dignité à une échelle macrosociologique. La dignité du collectif devait être respectée pour qu'ensuite puisse être respectée la dignité de l'individu, conçu comme un atome au service du corps. Comme l'écrit K. M'BAYE, « il y a une conception africaine spécifique [...] du droit des droits de l'homme. En Afrique, le droit n'est pas conçu comme une sorte d'épée mise entre les

[71] Article 29. 1 de la DUDH : « L'individu a des devoirs envers la communauté dans laquelle seul le libre et plein développement de sa personnalité est possible ».

[72] 1er considérant du Préambule de la Charte de l'OUA : « Convaincus que les peuples ont le droit inaliénable de déterminer leur propre destin ».

mains de l'individu pour lui permettre de se défendre contre le groupe. Il est plutôt conçu comme un ensemble de règles protectrices de la communauté dont l'individu fait partie »[73]. Cette « philosophie » se retrouve dans la conception du principe de respect de la dignité tel qu'il est formulé dans la ChADHP : le respect de la dignité individuelle passe par le respect de la dignité du collectif. Cette compréhension africaine du principe trouve son expression formelle dans la reconnaissance d'un droit individuel au respect de la dignité (article 5) et d'un droit collectif au respect de cette dernière (article 19) : « La Charte prévoit les droits des individus aussi bien que les droits des peuples en liant les uns aux autres et en tirant leur origine commune de la dignité humaine »[74].

Après les traumatismes que furent la Seconde Guerre mondiale et la Shoah, le droit international des droits humains a souhaité réaffirmer l'unité ontologique de l'humanité en se réappropriant le concept philosophique de dignité. Il a inscrit le principe de respect de la dignité sur le fronton de la quasi-totalité des instruments de protection des droits humains pour en faire un de ses principes fondamentaux et cardinaux. En inscrivant la dignité à deux reprises dans son préambule, la ChADHP s'inscrit dans cette dynamique intellectuelle et juridique. Mais les rédacteurs de ce traité ne se sont pas contentés d'une simple transposition de ce principe ; ils se le sont réappropriés pour l'adapter à l'histoire propre du continent et à ses traditions endogènes.

Section 2. L'histoire propre du continent : l'élément explicatif endogène

L'inscription du principe axiologique de respect de la dignité humaine dans la Charte africaine peut s'expliquer en

---

73 K. M'BAYE, *Les droits de l'homme en Afrique,* Paris, Pedone, 2002, p. 187

74 *Ibidem*

partie par l'héritage exogène des précédents normatifs du droit international des droits humains. Il n'en demeure pas moins que les rédacteurs l'ont considérablement transformé pour l'accorder aux traditions endogènes des Afriques (§ 1). Mais, au-delà d'une simple adaptation contextuelle, ils l'ont aussi métamorphosé dans une volonté d'émancipation vis-à-vis de l'héritage colonial (§ 2).

§ 1. Le reflet des structures sociales vernaculaires

L'ascendant du droit international des droits humains, et plus particulièrement de la DUDH, sur la Charte africaine est incontestable. Cette influence a eu le mérite de contribuer à la cristallisation d'un socle axiologique commun partagé par l'ensemble des peuples du monde, quelle que soit leur spécificité régionale. Ce référentiel commun a permis à la ChADHP de s'affirmer dans le droit international des droits humains comme un complément normatif à la fois international et spécifique à une région, venant dialoguer avec les autres conventions et enrichir le cadre juridique de la promotion et de la protection des droits humains. Si cette influence est certaine, il convient néanmoins de ne pas réduire la ChADHP à une pâle copie africanisée de la DUDH. Il ressort des rares travaux préparatoires de la ChADHP auxquels nous avons eu accès, une volonté d'inscrire le texte dans le droit universel tout en mettant en exergue les spécificités africaines[75].

Les États africains ont voulu inscrire la Charte dans les civilisations africaines, non seulement pour marquer sa spécificité par rapport à d'autres instruments juridiques

[75] Les experts réunis à Dakar du 28 novembre au 7 décembre 1979 affirmèrent : « *While sticking to african specificities in dealing with rights, we thought it prudent not to deviate much from international norms solemnly adopted in various universel instruments by the different member States of OUA* » (citation tirée de P. KUNING, W. BENEDEK, C. R. MAHALU, *Regional Protection of Human Right By International Law. The Emerging African System*, Baden-Baden, Nomos Verlagsgesellschaft, 1985, p. 107).

régionaux ou universels de protection des droits humains, mais aussi pour fixer des repères devant guider une conception propre de ces droits. Ce choix de référentiel culturel du texte de Banjul est clairement affirmé au 5e considérant de son Préambule : « tenant compte des vertus de leurs traditions historiques et des valeurs de civilisation africaine qui doivent inspirer et caractériser leurs réflexions sur la conception des droits de l'homme et des peuples ». Les rédacteurs du texte ont cherché à adapter le droit international des droits humains « aux besoins de l'homme africain »[76] et à exprimer l'originalité « d'une Afrique qui revendique une conception différente des rapports sociaux »[77]. Le droit ne peut, en effet, être compris que comme un phénomène social qui exprime les rapports entre les membres d'une société. Chaque ordre juridique impose des structures légitimées par une idée de la société, soit qui est partagée par des individus et/ou des groupes qui s'organisent, soit qui leur est imposée, consciemment ou non, par les gouvernants[78]. Le droit africain est en général un droit de groupe dans lequel l'individu joue un rôle subsidiaire. Un grand nombre de sociologues, ethnologues et anthropologues qui se sont penchés sur les sociétés africaines ont mis l'accent sur ce trait distinctif : l'individu ne se définit pas en dehors du groupe. Le groupe et l'individu ne sont pas deux réalités distinctes, mais une seule et même réalité. L'individu se définit dans et par le groupe auquel il appartient. Cette conception collectiviste se retrouve dans la réappropriation du principe axiologique de respect de la dignité humaine opérée par les rédacteurs de la Charte africaine. À la différence des précédents normatifs relatifs à la protection des droits de la personne humaine qui liaient uniquement le res-

---

76 K. MBAYE, *op. cit.*, p. 186

77 *Ibidem*

78 Voir J.-P. MAGNANT, « Le droit et la coutume dans l'Afrique contemporaine », *Droit et cultures*, Paris, L'Harmattan, 2004, n° 48, pp. 167-192.

pect de la dignité humaine à l'individu, la Charte africaine associe, dès le 2e considérant de son Préambule, le respect de la dignité à la « réalisation des aspirations légitimes des peuples africains ». Le 8e considérant rappelle, quant à lui, le « devoir de libérer totalement l'Afrique dont les peuples continuent à lutter pour leur indépendance véritable et leur dignité ». Sans entrer dans la polysémie du terme « peuple » dans le contexte africain – nous le ferons dans le *Premier chapitre* de notre *Deuxième partie* –, ces deux considérants montrent l'importance de la réappropriation du principe axiologique de respect de la dignité humaine opérée par les rédacteurs de la Charte : ici le titulaire de la dignité n'est plus l'individu atomisé des théoriciens occidentaux nourris d'une pensée libérale, mais la communauté, le groupe social dans et par lequel l'individu évolue. Aujourd'hui encore, les sociétés africaines modernes conservent une part importante de structures ancestrales fondées sur la dignité de la communauté, en tant qu'espace micro-social et infra-étatique. Bien qu'elle ne soit pas partout la même, l'organisation des sociétés africaines présente certains traits communs ; le respect de la dignité du groupe en est un.

Cette dignité collective n'est pas pour autant unifiée. Dans presque toutes les sociétés africaines, on retrouve quatre niveaux de dignité collective : celle de la famille, celle du clan, celle de la tribu et celle de l'ethnie[79]. La famille est la cellule de base de l'organisation sociale africaine. Elle comprend toutes les personnes apparentées vivant sous le même toit, mais également tous les parents éloignés et les alliés. Dans certains cas fréquents, elle s'étend jusqu'aux étrangers qu'une longue existence commune a assimilés au groupe de base. C'est pourquoi la parenté en Afrique est beaucoup plus sociale que biologique. On retrouve ce rôle fondamental du

---

[79] J. DUCHASTEL, « Préface », *in* B.-A. DAVAKAN, *Repenser les nations africaines. Identité, citoyenneté et démocratisation en Afrique subsaharienne*, Paris, L'Harmattan, 2011, p. 8.

groupe familial consacré à l'article 18, § 1 et 2[80], ainsi qu'à l'article 18, § 1 de la Charte africaine des droits et du bien-être de l'enfant[81]. Le clan est un ensemble de personnes se considérant comme descendants du même ancêtre. La tribu est un groupe social et politique formé de femmes et d'hommes qui fondent leur solidarité sur une parenté ethnique. L'ethnie se compose d'un ensemble d'individus unis par un certain nombre de traits culturels spécifiques et communs, qui peuvent être la langue, par exemple, ou bien un système de valeurs établies[82]. Toutes ces structures sociales possèdent une dignité propre qui fonde des devoirs de solidarité collective et repose sur un droit non écrit, spécifique au groupe et variable dans son application en fonction du statut des membres de la communauté[83]. L'observation des pratiques montre que cohabitent la loi de l'État et celle du groupe. Cela se retrouve, par exemple, dans le code togolais de la famille qui permet la coexistence entre un système de droit étatique, caractérisé par un ensemble de règles ordonné et cohérent, et un droit du groupe endogène très concret dont le contenu n'est pas codifié ou rassemblé dans un quelconque document[84].

---

[80] Article 18, paragraphe 1 : « La famille est l'élément naturel et la base de la société. Elle doit être protégée par l'Etat qui doit veiller à sa santé physique et morale » et paragraphe 2 : « L'Etat a l'obligation d'assister la famille dans sa mission de gardienne de la morale et des valeurs traditionnelles reconnues par la Communauté ».

[81] Article 18, paragraphe 1 : « La famille est la cellule de base naturelle de la société. Elle doit être protégée et soutenue par l'Etat pour son installation et son développement ».

[82] Pour un examen plus complet des niveaux de socialisation, voir L. MATALA-TALA, « L'ineffectivité du droit positif en Afrique subsaharienne », *Civitas Europa*, 2013, vol. 31, p. 247.

[83] Voir E. M'BOKOLO, *Afrique noire. Histoire et civilisations. Du XIX*e *siècle à nos jours*, Paris, Hatier, AUF, 2004, p. 548 et L. MATALA-TALA, *art. cit.* p. 243.

[84] K. ADJAMAGBO, « Pluralisme juridique et pratiques successorales loméennes » *in Politique africaine*, n° 40, décembre 1990, p. 12.

§ 2. L'héritage colonial : entre assimilation et volonté d'émancipation

La colonisation de l'Afrique a duré environ quatre-vingts ans, de 1880 à 1960. Le phénomène colonial a représenté une rupture majeure dans l'histoire du continent, en marquant l'Afrique sur les plans politique, économique, social mais aussi juridique.

En effet, les pays africains ont hérité d'une double tradition juridique issue de la période coloniale. Un legs civiliste – principalement dans les ex-colonies françaises, allemandes et portugaises – fondé sur une « légalité rationnelle » selon laquelle la loi est universelle et impersonnelle, et un legs de *common law* – dans les ex-colonies britanniques – fondé sur la jurisprudence et la règle du précédent. L'un des points communs des deux systèmes juridiques est le primat accordé à l'individu. Tenant compte de cet héritage, il semble légitime de poser l'hypothèse selon laquelle la « collectivisation » du principe de respect de la dignité dans le Préambule de la Charte n'a pas été uniquement produite dans un projet d'adaptation aux structures sociales vernaculaires. Elle s'inscrit aussi dans une volonté d'émancipation vis-à-vis des legs juridico-politiques coloniaux qui s'est traduite par le dépassement du primat de l'individu et, conséquemment, par la collectivisation du titulaire de la dignité. Ici, le juridique ne peut pas être pensé indépendamment du politique ; la ChADHP est la représentation positive du désir des Afriques de se libérer du poids du colonialisme, de « s'affirmer comme un continent peuplé d'êtres humains à part entière, qui ne se contentent plus des droits que la communauté internationale a créé souvent pour d'autres mains, [et qui] au contraire, s'est décidé à s'approprier le combat pour la dignité humaine à partir de son prisme culturel propre »[85].

---

[85] M. KAMTO, *op. cit.*, p. 2.

Ainsi, le principe axiologique de respect de la dignité humaine vient s'inscrire dans la dialectique à quatre temps – entre tradition et modernité, entre individu et peuple – que porte la ChADHP ; un « audacieux équilibre [où] les concepts proclamés entretiennent des relations de types dialectique et symbiotique susceptibles de renforcer la protection des droits de l'homme »[86]. Nous pensons ici qu'au-delà d'une simple intégration mimétique du principe de respect de la dignité humaine, les rédacteurs du texte de 1981 ont opéré une véritable métamorphose dudit principe pour en faire aussi bien le liant entre droits individuels et collectifs que « le vecteur du combat de la décolonisation et du développement »[87]. La ChADHP a ainsi jeté les bases d'un droit régional africain des droits humains présentant la double caractéristique d'ouverture à l'universel et d'enracinement dans les réalités africaines.

Pour autant, malgré cette incontestable métamorphose, le principe axiologique de respect de la dignité tel qu'il est énoncé dans le Préambule de la Charte semble dépourvu de toute positivité. Ici, comme dans la majorité des conventions internationales relatives à la protection des droits de la personne humaine, il se cantonne à jouer un rôle plus symbolique que réellement positif. En effet, rarement les rédacteurs ont fait le choix de lui donner un contenu prescriptif qui lui permettrait de constituer un fondement d'action et de responsabilité. Depuis 1945, la reconnaissance et la proclamation du respect de la dignité de tout individu comme valeur cardinale des ordres juridiques revient comme un *leitmotiv*. Son caractère principiel est universellement admis et l'importance de son respect est reconnue par tous. La dignité humaine devient ainsi l'expression d'un consensus

---

86 J. MATRINGE, *Tradition et modernité dans la Charte africaine des droits de l'homme et des peuples. Étude du contenu normatif de la Charte et de son apport à la théorie du droit international des droits de l'homme,* Bruxelles, Bruylant, 1996, p. 118.

87 M. KAMTO, *op. cit.,* p. 15.

universel, le fondement et la justification des droits humains. La « base commune, acceptable pour tous [...] base assez générale pour pouvoir servir de dénominateur commun aux aspirations de tous les peuples et de tous les êtres humains [...] une base solide pour un code de conduite universel d'un humanisme moderne »[88]. Mais cette consécration juridique est celle de la notion éthico-philosophique de dignité. Les rédacteurs des différentes conventions qui ont été élaborées dans l'immédiate après Seconde Guerre mondiale ont choisi, en priorité, d'inscrire ce principe dans leur préambule – ou de rares fois dans la partie de leur dispositif consacrée à l'énonciation d'objectifs et de principes –. Ils ont souhaité réaffirmer la reconnaissance du principe axiologique de respect de la dignité inhérente à toute personne, sans pour autant lui conférer une force obligatoire. D'aucuns considèrent qu'aucune définition de la dignité n'étant stabilisée, il est impossible de faire du respect de celle-ci un droit prescriptif capable d'agir en tant que fondement d'action et de réparation. Le préambule n'étant qu'un « avant-dire qui fonde le propos à venir, [et] vient à titre liminaire éclairer le texte qu'il précède »[89], l'introduction en droit international des droits humains de la notion de dignité est avant tout une consécration du terme et non des conséquences juridiques du terme[90]. À l'instar du Préambule de la DUDH qui introduit la notion de respect de la dignité sous la forme d'une constatation, suivant une formule qui s'apparente plus à un acte de foi qu'à une prescription juridique, les États africains se contentent, dans le Préambule de la ChADHP, de la « considérer »

88 J. TOTH, « Les droits de l'homme et la théorie du droit », *in René Cassin amicorum discipulorumque liber. Méthodologie des droits de l'homme*, t. IV, Paris, Pedone, 1972, pp. 76-79.

89 M. KAMTO, « Préambule », *in* M. KAMTO (dir.), *La Charte africaine des droits de l'homme et des peuples et le protocole additionnel y relatif portant création de la Cour africaine des droits de l'homme. Commentaire article par article,* Bruxelles, Bruylant, 2011, p. 64

90 F. MBALA MBALA, *La notion philosophique de dignité à l'épreuve de sa consécration juridique*, Thèse de doctorat, Université de Lille, Faculté de droit, 2007, pp. 167-171.

et d'être « conscients » de son importance. Comme en témoigne la forme employée pour introduire la notion, la plupart des textes qui la consacrent le font sur le mode du rappel nécessaire d'une exigence éthique et politique à laquelle le droit semble vouloir rendre hommage en réponse aux atrocités de la guerre. La consécration préambulaire de la dignité apparaît comme un slogan, une « figure emblématique, point de passage obligé d'une déclaration de droits »[91]. L'objectif des rédacteurs est la réaffirmation symbolique du respect de la dignité ; ils s'attachent bien plus au contenu matériel du mot et à sa présence rassurante, qu'à ce que peut et doit amener à faire ce mot.

Le principe de respect de la dignité humaine inscrit dans les préambules est un principe axiologique indubitable, fondamental et téléologique des ordres juridiques. Le respect de la dignité humaine devrait pourtant être un principe qui appelle une réalisation dépassant une simple reconnaissance. Si une inscription dans les textes est nécessaire, elle n'est effective que si finalement cette consécration formelle s'accompagne de mesures concrètes visant à accomplir les principes ainsi proclamés.

Le droit international des droits humains s'est donc approprié la notion philosophique de dignité humaine dans l'immédiate après-guerre. À la suite de l'horreur des camps d'extermination, il était en effet nécessaire de réaffirmer l'égalité ontologique de toutes les personnes. Les internationalistes de l'époque ont vu dans ce concept indéterminé qui conditionne la reconnaissance et le respect de l'individu à la seule appartenance de celui-ci à l'espèce humaine, le meilleur instrument pour prévenir et interdire un quelconque retour de cette indescriptible abjection. L'inscription du principe

---

[91] B. MATHIEU, « Force et faiblesse des droits fondamentaux comme instruments du droit de la bioéthique : le principe de dignité et les interventions sur le génome humain », *Revue du droit public*, Paris, Lextenso, n° 1, 1999, p. 94

axiologique de respect de la dignité humaine dans la Charte africaine s'insère dans cette histoire mondiale. Elle s'explique par l'influence des précédents normatifs relatifs à la protection des droits de la personne humaine, mais reflète aussi une véritable réappropriation de la notion selon une double volonté d'adaptation aux spécificités sociales et culturelles du continent et d'émancipation vis-à-vis de l'héritage colonial.

L'intégration du principe axiologique ici à l'étude dans le droit africain des droits humains est avant tout symbolique. Mais, quelles qu'aient été les visées des rédacteurs du texte de 1981, il n'en demeure pas moins que le principe de respect de la dignité figure bel et bien dans le préambule de la Charte, source formelle du droit africain des droits humains et, qu'en conséquence, il doit être appréhendé comme relevant du droit positif. Les commentateurs que nous sommes, cherchant à établir les « modes d'être » juridiques du concept philosophique de respect de la dignité, sont bien obligés d'en tenir compte. Même dépourvu de force obligatoire, il occupe une place à part entière dans la Charte africaine. Nous allons donc étudier la nature de ce principe axiologique, c'est-à-dire l'ensemble des qualités, des propriétés, qui le définissent et lui confèrent une identité.

Chapitre 2. La double nature du principe axiologique de respect de la dignité humaine

Si les rédacteurs de la Charte de Banjul ont fait le choix d'intégrer la notion de respect de la dignité dans ce texte fondateur du droit africain des droits humains, ce n'est pas seulement pour se placer sous le patronage tutélaire de la Déclaration universelle des droits de l'homme. Lorsque l'on étudie le principe axiologique qui procède de cette notion, tel qu'il est inscrit dans le Préambule de la Charte africaine, on découvre rapidement sa double nature[92], à la fois fondatrice (*Section 1*) et téléologique (*Section 2*).

Section 1. Une nature fondatrice

Bien qu'indéterminé et, par-là, susceptible de varier, le contenu matériel du principe analysé fait de ce dernier l'un des fondements du texte de 1981 (§ 1). Cette nature fondatrice confère à ce principe un effet de densification axiologique qui le rend ainsi précieux pour les organes chargés de l'application et du respect de la Charte (§ 2).

§ 1. Le respect de la dignité humaine comme fondement de la Charte africaine

À la lumière de son origine éthico-philosophique et du moment historique auquel il doit son entrée dans la sphère du droit international des droits humains, il peut sembler légitime de soutenir que la notion de respect de la dignité constitue une source matérielle de la Charte africaine. Le

---

92 Le terme « nature » correspond ici à l'ensemble des propriétés qui constituent et caractérisent le principe axiologique de respect de la dignité humaine.

syntagme « sources du droit » renvoie à tout ce qui contribue, et a contribué, à créer l'ensemble des règles juridiques applicables dans un espace donné et à moment donné[93]. On retient traditionnellement deux catégories de sources : les sources matérielles et les sources formelles, elles-mêmes divisées en sous catégories. Les premières désignent « les facteurs qui influent sur le contenu de la réglementation juridique, sur la substance du droit, les données où le législateur puise son inspiration juridique : l'histoire, les mœurs, les rapports de forces sociaux, l'environnement naturel, etc. »[94] ; tandis que les secondes désignent « les différents modes d'édiction, les différents procédés de formulation des normes juridiques [...], ou bien les documents mêmes, les "actes" sur lesquels se trouvent consignées les éditions juridiques »[95]. Les sources matérielles renvoient donc aux motifs qui fondent et justifient le sens de la norme ; elles « constituent les fondements sociologiques des normes internationales, leur base politique, morale ou économique »[96].

Nous l'avons vu, la notion de respect de la dignité humaine n'a pas été créée *ex nihilo* par et pour la science juridique. Elle procède de la philosophie et doit son apparition dans le droit international des droits humains à un événement historique particulier. Originellement exogène au droit, elle a une portée qui dépasse la science juridique et c'est en cela qu'elle constitue une véritable source matérielle du droit international des droits humains et, plus spécifiquement, du droit africain des droits humains. Elle est réputée mériter le respect en raison de la valeur propre de

---

93 Voir S. GOLTZBERG, *Les sources du droit,* Paris, PUF, 2016, p. 8.

94 P. AMSELEK, « Brèves réflexions sur la notion de "sources du droit" », Paris, *Archives de Philosophie du Droit,* t. 27, 1982, p. 253.

95 *Ibidem,* p. 253.

96 P. DAILLER, M. FORTEAU, A. PELLET, *Droit international public,* Paris, LGDJ, 2009, p. 49.

son contenu, davantage que par la valeur que peut lui donner une convention. Cela ressort clairement, par exemple, des dires du juge K. M'BAYE – qui a présidé à la rédaction de la ChADHP – : « les droits de l'homme ont fini par concerner tout homme, malgré l'inégalité inhérente aux sociétés humaines. Leur conception a pu transcender cette inégalité et appréhender la dignité humaine pour en faire le fondement des libertés »[97]. Mais, si la notion de respect de la dignité semble indéniablement être l'une des sources matérielles du texte de 1981, son inscription dans une convention telle que la Charte africaine l'a formalisée[98]. Elle a ainsi transcendé son origine philosophique qui la cantonnait à n'être qu'une source matérielle – c'est en quelque sorte un « mode d'être » préjuridique – pour devenir un principe axiologique – son premier « mode d'être » juridique – du droit africain des droits humains. Cette formalisation ne l'a pour autant pas vidée de son contenu, de ses propriétés et de son histoire ; le principe axiologique de respect de la dignité humaine a gardé une nature fondatrice.

Outre sa double inscription dans le préambule de la Charte – rappelons que celui-ci constitue un exposé de « la philosophie et [des] fondements mêmes des droits qu'ils reconnaissent »[99] –, la nature fondatrice de ce principe est mise en exergue par la Commission qui affirme, dans sa communication du 27 mai 2009 relative à l'affaire *Sudan Human Rights Organisation & Centre on Housing Rights and Evictions c. Sundan,* que le respect de la dignité « constitue le fondement de tous les droits humains et sans lui, tous les autres

---

97 K. M'BAYE, *op. cit.*, p. 74.

98 « Formaliser » renvoie ici à l'action par laquelle la notion philosophique de respect de la dignité humaine s'est extraite de sa discipline originelle pour devenir un élément à part entière du droit positif ; et ce même si le premier « mode d'être » juridique de la notion est dénué de force obligatoire.

99 *Ibid.*, p. 201.

n'ont pas de sens »[100]. Dans une communication du 29 mai 2003, elle va même jusqu'à soutenir que la dignité humaine est « un droit naturel que tout être humain est obligé de respecter, par tous les moyens, et qui confère également à tout être le devoir de le respecter »[101]. La place liminaire qu'occupe le principe de respect de la dignité dans le Préambule, et ainsi dans l'économie générale de la Charte africaine, s'explique par sa nature matricielle qui lui permet de fonder les autres droits humains et des peuples que proclame le texte de 1981. En effet, si la dignité humaine de l'individu lui est niée, il ne peut aucunement revendiquer les droits humains, c'est-à-dire les droits de la personne humaine. Le droit international des droits humains n'est pas redondant quand il affirme que « tous les êtres humains naissent libres et égaux en dignité et en droits »[102] ou quand il fait référence à la « reconnaissance de la dignité inhérente à tous les membres de la famille humaine et de leurs droits égaux et inaliénables »[103]. En effet, le respect de la dignité est le fondement sans lequel les droits humains ne pourraient avoir aucune effectivité. Le respect de la dignité humaine est la condition de possibilité des droits humains qui permet à l'individu d'être reconnu comme une personne humaine et, par-là, de détenir les droits dérivés afférant à cette qualité. Il est la matérialisation intersubjective de la condition humaine. Comme l'écrit K. M'BAYE, « les droits de l'homme sont attachés à la condition humaine [...] La condition humaine est nécessaire et suffisante à la jouissance des droits de l'homme »[104].

---

100 Commission africaine, *Sudan Human Rights Organisation & Centre on Housing Rights and Evictions c. Sundan,* communication du 27 mai 2009, § 146.

101 Commission africaine, *Purohit et Moore c. Gambie,* communication du 29 mai 2003, § 57.

102 DUDH, article 1er.

103 DUDH, premier considérant du Préambule.

104 K. M'BAYE, *op. cit.*, p. 39

Ainsi, le principe axiologique de respect de la dignité humaine est le fondement des droits fondamentaux ; il engendre d'autres droits de portée et de valeur différentes qui deviennent ensuite ses droits opérateurs et contribuent à son respect. C'est ce que confirme la Commission dans sa communication du 25 juin 2016 relative à l'affaire *Interights & Ditshwanelo c. République du Bostwana* en déclarant que « la dignité est inhérente à tous les droits individuels garantis par la Charte africaine »[105]. Tous les droits énoncés par les déclarations, chartes ou conventions ne sont rien si l'on refuse de reconnaître et de respecter la dignité inhérente à tout individu. Le principe axiologique de respect de la dignité humaine est alors pensé par H. ARENDT comme l'équivalent d'un « droit à avoir des droits »[106], c'est-à-dire comme le fondement des droits humains. Lorsque la dignité intrinsèque à l'individu est anéantie, les droits humains ne peuvent plus rien puisqu'ils n'existent que par la reconnaissance de celle-ci.

§ 2. L'effet de densification de la nature fondatrice

La nature fondatrice du principe axiologique de respect de la dignité humaine, couplée à son contenu matériel consensuel[107], fait du principe de respect de la dignité humaine un outil intéressant pour renforcer une décision jurisprudentielle. Plus exactement, la mention du principe axiologique de respect de la dignité humaine permet une densification axiologique d'une solution juridique.

---

105 Commission, *Interights & Ditshwanelo c. République du Bostwana,* communication du 25 juin 2016, § 96.

106 H. ARENDT, *Les Origines du totalitarisme,* Paris, Gallimard, 2002, p. 599.

107 Il est important de relever le caractère consensuel et *a prirori* idéologiquement neutre du principe de respect de la dignité humaine. S'il existe des débats importants sur la primauté de la liberté ou de l'égalité – laquelle de ces deux notions doit apparaître en premier dans l'énonciation des droits humains – un consensus semble entourer la dignité. Personne n'est contre la dignité et personne ne souhaite la mettre en balance avec un autre principe axiologique fondamental.

Cela signifie concrètement que la nature fondatrice de ce principe, qui découle de son contenu matériel et de l'histoire de son intégration dans le droit international des droits humains, « donne du poids » à la décision jurisprudentielle qui l'évoque. Le raisonnement juridique qui fonde cette dernière est renforcé par un principe d'origine éthique, fondateur du droit positif institué par la Charte. On retrouve cet usage jurisprudentiel dans la communication *Zimbabwe Lawyers for Human Rights and Institute for Human Rights and Development in Africa c. Zimbabwe* dans laquelle la Commission reconnaît que l'expulsion de M. Andrew Barclay Meldrum, ordonnée par le gouvernement zimbabwéen, « l'a privé de son droit de recevoir des informations et de communiquer ses opinions »[108] et constitue, en cela, une violation de l'article 9 de la Charte africaine[109]. Mais le raisonnement de la Commission ne s'arrête pas là : bien que les plaignants n'aient pas invoqué l'article 5, elle déclare que cette violation ne respecte pas la dignité inhérente à toute personne humaine[110]. C'est bien ici le principe axiologique de respect de la dignité humaine et sa nature fondatrice de la Charte africaine qui est convoqué par la Commission pour densifier sa décision. Le 4 juin 2004, elle avait produit un raisonnement similaire dans l'affaire *Interights, Institute for Human Rights and Development in Africa et Association mauritanienne des droits de l'Homme c. Mauritanie*[111] concernant une violation de la liberté d'association garantie à l'article 10 de la Charte.

---

108 Commission africaine, *Zimbabwe Lawyers for Human Rights and Institute for Human Rights and Development in Africa c. Zimbabwe,* communication du 03 avril 2009, § 114.

109 ChADHP, article 9 : « Toute personne a droit à l'information. Toute personne a le droit d'exprimer et de diffuser ses opinions dans le cadre des lois et règlements ».

110 Commission africaine, *Zimbabwe Lawyers for Human Rights and Institute for Human Rights and Development in Africa c. Zimbabwe,* communication du 03 avril 2009, § 116.

111 Commission africaine, *Interights, Institute for Human Rights and Development in Africa et Association mauritanienne des droits de l'Homme c. Mauritanie,* communication du 4 juin 2004.

C'est cet effet de densification de la décision jurisprudentielle que permet la nature fondatrice du principe axiologique de respect de la dignité humaine qui fait dire à certains auteurs que la dignité humaine en droit serait une « notion manipulable à l'extrême. Les tribunaux [...] y trouveraient l'assise d'un pouvoir et de responsabilités désertés par les constituants [...]. Elle permettrait d'imposer des notions morales subjectives »[112]. Le juge puiserait désormais « dans le mystère d'une notion métaphysique et éthique pour y trouver l'instrument de son jugement ». Le principe de respect de la dignité serait en ce sens la « voiture balai du contrôle juridictionnel »[113].

Sans partager une telle critique, nous souhaiterions tout de même ici relever un problème qui émane de l'intégration de la notion de respect de la dignité humaine dans le droit, et de la place fondamentale que celui-ci lui a donnée. À première vue, il peut sembler paradoxal qu'une telle notion, pourtant si peu stabilisée et pouvant faire l'objet d'une multitude d'interprétations, soit devenue un principe axiologique qui constitue l'un des fondements de la Charte de 1981. Paradoxal, certes, mais aussi tout à fait compréhensible. La conjugaison de son indétermination et de sa nature fondatrice permet de densifier axiologiquement à peu près tous les choix jurisprudentiels. Plus les notions juridiques applicables sont « vagues et indéterminées, plus grand est le pouvoir d'appréciation laissé aux juges »[114]. Concrètement cela signifie que par son indétermination et sa nature fondatrice, le principe axiologique de respect de la dignité humaine peut, en

---

112 J. FIERENS, « La dignité humaine comme concept juridique », *in* J. FERRAND., H. PETIT, *Fondations et naissances des Droits de l'homme*, Paris, L'Harmattan, 2004, p. 180.

113 P. MARTENS, « Encore la dignité humaine : réflexions d'un juge sur la promotion par les juges d'une norme suspecte », *in Les droits de l'homme au seuil du 3ème millénaire, Mélanges en hommage à Pierre Lambert*, Bruxelles, Bruylant, 2000, pp. 568-569.

114 C. PERELMAN, *op. cit.*, p. 365.

fonction du juge qui statue ou du législateur qui légifère, servir à densifier deux solutions antagoniques ; pour le meilleur ou pour le pire. Par exemple, en Afrique du Sud, la section 20A de la Loi sur les « Offenses Sexuelles » usait de l'effet de densification du principe axiologique de respect de la dignité pour justifier l'interdiction de la sodomie. La notion de dignité était alors appréhendée à travers le prisme calviniste porté par le Parti national qui considérait les relations entre personnes de même sexe comme une expression du primitivisme culturel. Cependant, en 1995, c'est en usant du même principe et de son effet densifiant que la Cour constitutionnelle d'Afrique du Sud a condamné la disposition du droit pénal qui réprimait la sodomie en arguant que « le but d'une Déclaration de droits est de reconnaître les droits de groupes historiquement défavorisés, comme les homosexuels masculins et féminins, et de libérer ces groupes du poids des injustices et de la discrimination passées »[115]. Ces décisions mettent en exergue le contenu évolutif du principe de respect de la dignité humaine en fonction du contexte historique et des idéologies[116] qui s'y réfèrent. Si le respect de la dignité est en soi immuable, le contenu matériel du premier « mode d'être » juridique de la notion ici à l'étude est, quant à lui, susceptible de fluctuer en fonction des personnes et des pensées qui s'en saisissent. Le droit n'est pas qu'une simple technique formelle ; il est aussi le résultat d'un rapport de forces intellectuelles et politiques propre à une période historique.

---

115 Cour constitutionnelle d'Afrique du Sud, arrêt du 13 mars 1995, *Bull. jur. Constit.,* 1995, I, p. 56.

116 Par idéologie nous entendons, avec L. ALTHUSSER, « un système (possédant sa logique et sa rigueur propre) de représentation (images, mythes, idées ou concepts selon les cas) doué d'une existence et d'un rôle historique au sein d'une société donnée » (*Pour Marx,* Paris, La Découverte, 1996, p. 238). Plus précisément, il s'agit d'une conception normative de la société, de la vie sociale telle qu'elle devrait être qui, quelle que soit la nature philosophique, religieuse, morale ou politique du système dans lequel elle trouve son origine, présente un minimum de cohérence. Dans cette étude, l'idéologie n'est donc pas entendue d'une manière péjorative comme falsification de la réalité.

Les rédacteurs de la Charte de Banjul n'ont pas intégré et métamorphosé le principe axiologique de respect de la dignité humaine uniquement pour son caractère symbolique. Nous l'avons vu, ce principe constitue l'un des fondements de la Charte africaine qui permet ainsi de densifier axiologiquement les décisions jurisprudentielles. Il en est aussi l'un des buts.

Section 2. Une nature téléologique

Outre une nature fondatrice, le principe axiologique à une nature téléologique (§ 1), guidant l'interprétation de la Charte africaine (§ 2).

§ 1. Le respect de la dignité humaine comme but de la Charte africaine

B. MAURER écrit à propos de la Convention européenne des droits de l'homme que « le droit [étant] finalisé, le principe [de respect de la dignité humaine] exprime l'un des buts essentiels de l'ordre juridique »[117] que la Convention institue. À la lecture du 2e considérant du Préambule de la Charte africaine – « la liberté, l'égalité, la justice et la dignité sont des objectifs essentiels à la réalisation des aspirations légitimes des peuples africains » –, il semble possible de reprendre l'idée de B. MAURER pour la transposer dans le cadre de notre étude : le principe axiologique de respect de la dignité humaine semble être l'un buts du texte de 1981.

Ce constat, qui peut être fait dès la première lecture du préambule, semble confirmé par certaines jurisprudences de la Commission. Dans la communication relative à l'affaire *Sudan Human Rights Organisation & Centre on Housing Rights and Evictions c. Soudan,* la Commission a reconnu cette nature téléologique en affirmant que : « la Charte africaine vise à la

---

117 B. MAURER, *op. cit.*, p. 481

protection de la dignité de la personne humaine »[118]. Cette nature téléologique du principe axiologique de respect de la dignité humaine est incontestablement liée à sa nature fondatrice. En effet, la préservation des fondements est toujours un objectif essentiel pour tout bâtisseur car, sans la réalisation de celui-ci, l'édifice menacerait de s'écrouler. La préservation du principe axiologique de respect de la dignité humaine et de sa nature fondamentale doit donc nécessairement être l'un des buts de la Charte africaine. C'est à partir de cet objectif que s'est construit et ordonné l'ordre juridique institué par la Charte. Les articles du dispositif sont pensés pour servir les objectifs que les rédacteurs de la Charte de Banjul reprennent de la Charte de l'OUA et parmi lesquels figure le respect de la dignité humaine. En outre, d'un point de vue herméneutique, la finalisation de l'ordre juridique constitue une donnée essentielle pour le juge. La nature téléologique du principe axiologique de respect de la dignité peut ainsi servir de guide à l'interprétation jurisprudentielle.

§ 2. L'effet interprétatif de la nature téléologique

Depuis 1969 et l'article 31 de la *Convention de Vienne sur le droit des traités*, on sait que le préambule d'une convention occupe une place déterminante dans le cadre de l'interprétation[119]. Dans l'arrêt relatif aux *Ressortissants des États-Unis au Maroc,* la Cour internationale de Justice avait déjà affirmé que « le préambule peut contenir des normes supplétives permettant de combler les lacunes du traité, notamment sous forme d'énoncé ou de rappel de principes qui l'ont inspiré ; de telles dispositions qui éclairent la volonté des parties,

---

118 Commission africaine, *Sudan Human Rights Organisation & Centre on Housing Rights and Evictions c. Soudan,* communication du 27 mai 2009, § 155.

119 Article 31 : « 1. Un traité doit être interprété de bonne foi suivant le sens ordinaire à attribuer aux termes du traité dans leur contexte et à la lumière de son objet et de son but. 2. Aux fins de l'interprétation d'un traité, le contexte comprend, [...] le texte, préambule et annexes [...] ».

constituent des garde-fous fort utiles dans l'interprétation du dispositif du traité »[120].

Par sa place liminaire dans la ChADHP, son contenu matériel et sa nature téléologique, le principe de respect de la dignité dirige le juge lorsqu'il interprète le texte. Interpréter ne signifie pas nécessairement altérer le sens originel du texte, mais tout simplement lui donner du sens, c'est-à-dire « donner au juge une “raison” qui milite en faveur d'un type de solution, sans pour autant contraindre à une décision particulière »[121]. Dans le cadre de ce processus interprétatif, la référence au but du texte se révèle souvent nécessaire – si ce n'est toujours – car elle informe de la méthode à utiliser pour pouvoir atteindre ce but. Concrètement, lorsque le juge doute de l'opportunité de l'application d'une disposition spécifique, il se réfère à l'objectif du texte pour savoir si la disposition peut être appliquée au cas d'espèce. L'une des finalités de l'action jurisprudentielle du « juge » africain des droits humains est ainsi d'assurer le respect de ce principe axiologique qui constitue l'un des objectifs du texte de 1981. Cela se retrouve par exemple dans les communications *Women's Legal Aid Center c. Tanzanie* [122] et *Odjouoriby Cossi Paul c. Bénin*[123] dans lesquelles la Commission s'est référée aux objectifs de la Charte énoncés dans son Préambule – et plus spécifiquement aux notions de respect de la dignité et de justice – pour constater une violation de l'article 7, § 1 et 2 de la Charte[124].

120 CIJ, *Ressortissants des États Unis au Maroc*, arrêt du 27 août 1952, *Recueil*, 1952, p. 184.

121 F. OST, M. VAN KERCHOVE, *Entre la lettre et l'esprit. Les directives d'interprétation en droit*, Bruxelles, Bruylant, 1989, p. 29.

122 Commission africaine, *Women's Legal Aid Center c. Tanzanie* communication du 7 décembre 2004, § 43.

123 Commission africaine, *Odjouoriby Cossi Paul c. Bénin,* communication 4 juin 2004, § 24.

124 ChADHP, article 7 : « Toute personne a droit à ce que sa cause soit entendue. Ce droit comprend : le droit de saisir les juridictions nationales compétentes de

Le principe axiologique de respect de la dignité humaine apparaît ainsi comme un instrument mis à la portée du « juge » pour opérer la balance des intérêts. Il indique à l'interprète un sens et une mesure qui lui permettent de prononcer des jugements. Il vient « secourir l'opérateur dans ses choix concrets »[125]. Cette méthode d'interprétation, que N. MACCORMICK appelle « la méthode interprétative téléologique », n'est qu'une approche parmi d'autres. Elle relève de la fin et du but de la convention ou de la loi, et repose sur une volonté de traiter la législation comme une entreprise téléologique ; le *telos* pouvant servir de guide à l'interprétation des textes ; « interprétez pour aider à atteindre le but fixé »[126]. Il y a derrière cette méthode, « l'idée que toute norme juridique constitue un moyen destiné à réaliser un objectif social et que la prise en considération de ce dernier peut contribuer à son interprétation »[127].

---

tout acte violant les droits fondamentaux qui lui sont reconnus et garantis par les conventions, les lois, règlements et coutumes en vigueur ; le droit à la présomption d'innocence, jusqu'à ce que sa culpabilité soit établie par une juridiction compétente ; le droit à la défense, y compris celui de se faire assister par un défenseur de son choix ; le droit d'être jugé dans un délai raisonnable par une juridiction impartiale ».

125 R. KOLB, *La bonne foi en droit international public. Contribution à l'étude des principes généraux*, Paris, PUF, 2000, p. 57.

126 N. MACCORMICK, « Argumentation and interpretation in Law », *Ratio juris*, Hoboken, Wiley, 1993, vol. 6, p. 22.

127 F. OST, M. VAN KERCHOVE, *op. cit.*, p. 66.

Transition générale

À l'instar de nombreuses conventions relatives à la protection des droits de la personne humaine, la notion de respect de la dignité humaine dans la Charte africaine des droits de l'homme et des peuples apparaît d'abord, à une double reprise, dans son préambule. À partir de l'analyse des évènements historiques qui ont motivé l'appropriation par le droit international des droits humains de cette notion d'origine philosophique, et de l'étude des caractéristiques propres à la partie préambulaire d'un traité qui fonde les dispositions à venir tout en étant dépourvue de force obligatoire, nous avons émis l'hypothèse selon laquelle le premier « mode d'être » juridique de la notion de respect de la dignité humaine est celui de principe axiologique. Ce principe constitue à la fois l'un des fondements et l'un des objectifs de la Charte de 1981. Mais, bien que la Charte africaine ait adapté ce principe axiologique à l'histoire et aux réalités du continent africain, ce n'est pas ce « mode d'être » qui fait l'originalité du traité de 1981 au regard des autres instruments de protection des droits humains.

Ce qui fait la singularité de la Charte de Banjul, c'est le dédoublement de la notion de respect de la dignité humaine qu'elle opère. En effet, outre le principe axiologique de respect de la dignité humaine que l'on retrouve dans son Préambule, la Charte inscrit dans son dispositif un droit au respect de la dignité directement invocable par son titulaire. Mais la Charte africaine ne s'arrête pas à cette première singularité : outre les individus, elle fait aussi des peuples les titulaires du droit au respect de la dignité humaine. C'est ce droit, son dédoublement et les tensions inhérentes à celui-ci, que nous allons étudier dans une seconde partie.

Transition générale

2e PARTIE

LE RESPECT DE LA DIGNITÉ HUMAINE COMME DROIT

Une définition générale et commune présente le droit comme un « ensemble de règles à caractère contraignant et de prérogatives, régissant les comportements et les rapports des hommes en société »[128]. Comme le fait remarquer H. KELSEN, « dans la langue juridique [...] française, un seul et même mot [...] "droit" désigne à la fois le droit des sujets et le système de normes qui constitue l'ordre juridique. Pour éviter le risque d'équivoque ou de confusion, [...] le français se voit[t] contraint de parler pour le premier de droit "subjectif", c'est-à-dire de droit d'un sujet déterminé, et pour le second, de "droit objectif" »[129]. En suivant cet énoncé, pour affiner la signification du terme « droit », on peut opérer une distinction entre « droit » dans un sens subjectif et « droit » dans un sens objectif. Le premier renvoie à une prérogative appartenant à un sujet « et sanctionnée par le droit objectif qui permet à son titulaire de faire, d'exiger, d'interdire quelque chose dans son propre intérêt ou parfois, dans celui d'autrui »[130], alors que le second renvoie à l'ensemble des énoncés constituant un ordre juridique et qui s'imposent à chaque sujet régi par cet ordre juridique indépendamment de son attitude individuelle[131].

La ChADHP relève, simultanément et parallèlement, des deux sens du terme « droit ». Elle est un ensemble d'énoncés qui constituent un ordre juridique s'imposant à tous les sujets régis par ce dernier mais elle pose aussi un ensemble de prérogatives à destination des sujets de l'ordre juridique qu'elle crée et qui leur permet de faire ou d'exiger quelque chose. Dans l'étude des « modes d'être » de la notion de respect de la dignité que nous avons entreprise, c'est à cette

---

128 Définition proposée par le Centre National de Ressources Textuelles et Lexicales (CNRS-ATIF).

129 H. KELSEN, *Théorie pure du droit*, Paris, Dalloz, 1962, p. 171.

130 G. CORNU, *op. cit.*, p. 334.

131 Définition proposée à partir de J. SALMON, *op. cit.*, p. 390.

seconde signification que nous nous intéresserons en particulier. Des articles 2 à 24, la Charte africaine, énonce, en effet, un ensemble de droits subjectifs – c'est-à-dire de prérogatives appartenant aux sujets de l'ordre juridique qu'elle institue – que les États parties s'engagent à reconnaître et à respecter[132]. Nous le savons, à l'intérieur de cette énonciation, est inscrit le droit au respect de la dignité humaine. Parmi toutes les conventions internationales relatives à la protection des droits de la personne humaine qui mentionnent le respect de la dignité humaine, la Charte est la seule à intégrer, dans son dispositif, un véritable droit au respect de la dignité – et pas seulement à mentionner le principe axiologique de respect de la dignité dans son préambule ou subsidiairement pour renforcer un droit protégé. Mais le texte de 1981 ne s'arrête pas à cette première originalité ; il dédouble[133] le sujet de ce droit subjectif en énonçant à la fois un droit individuel et un droit collectif au respect de la dignité humaine. Une analyse attentive de ce dédoublement (*Chapitre 1*) fait ressortir un certain nombre de tensions inhérentes à celui-ci, qu'il conviendra d'étudier pour tenter de les dépasser (*Chapitre 2*).

---

132 ChADHP, article 1er : « Les États membres de l'Organisation de l'Unité Africaine, parties à la présente Charte, reconnaissent les droits, devoirs et libertés énoncés dans cette Charte et s'engagent à adopter des mesures législatives ou autres pour les appliquer ».

133 Définition proposée le Centre National de Ressources Textuelle et Lexicales (CNRS-ATIF) du verbe « dédoubler » : « créer deux choses distinctes à partir d'une seule [...], faire apparaître deux choses là où d'abord il n'y en avait qu'une ».

Chapitre 1. Le dédoublement du droit au respect de la dignité humaine dans la Charte africaine

Le critère du titulaire de droits subjectifs – c'est-à-dire du sujet de droit – trace, *a priori*, une frontière claire entre deux catégories de droits : les droits individuels et les droits collectifs. La Charte africaine reconnaît à la fois des droits individuels et des droits collectifs. En faisant le choix de métamorphoser le principe axiologique de respect de la dignité humaine en un droit énoncé dans le dispositif, les rédacteurs du texte de 1981 ont inscrit celui-ci dans la dialectique interne de la Charte, entre droit des individus et droit des peuples. Nous étudierons les manifestations positives de cette transcription : le droit des individus au respect de la dignité humaine (*Section 1*) et le droit des peuples au respect d'une égale dignité (*Section 2*).

Section 1. Le droit des individus au respect de la dignité humaine énoncé à l'article 5

> « Tout individu a droit au respect de la dignité inhérente à la personne humaine et à la reconnaissance de sa personnalité juridique. Toutes formes d'exploitation et d'avilissement de l'homme notamment l'esclavage, la traite des personnes, la torture physique ou morale, et les peines ou les traitements cruels inhumains ou dégradants sont interdits » (ChADHP, article 5)

Une étude généalogique et philosophique de la théorie classique des droits humains – dans laquelle s'inscrit, en partie, la Charte africaine – est nécessaire pour comprendre la place centrale qu'elle accorde à l'individu (§ 1). Celle-ci permettra de découvrir le sens et la portée du droit au respect de la dignité humaine énoncé à l'article 5, véritable singularité juridique qui permet un élargissement de la protection accordée au sujet de droit individuel (§ 2).

§ 1. Droits des individus : genèse et définition

La théorie occidentale des droits humains est intrinsèquement individualiste. Elle repose sur une vision de la société centrée sur l'individu qui s'est construite dans la crainte de l'État. Ce primat de l'individu n'apparaît dans la philosophie politique qu'à partir du siècle des Lumières et ne trouvera sa consécration positive qu'avec les grandes déclarations de droits du XVIIIe siècle. Bien que l'on puisse faire remonter l'histoire de la construction des droits humains jusqu'à l'Antiquité la plus précoce[134], les sociétés qui ont précédé celle des Lumières avaient en commun un caractère holiste centré sur le « tout » et non sur l'individu et sa volonté, ainsi qu'un droit fondamentalement objectif, visant à organiser la société plus ou moins équitablement et non à régler les rapports entre les sujets de droits. Cette combinaison ne permettait donc pas la reconnaissance des droits humains. Le concept de droit naturel apparaît certes avec la philosophie grecque, mais il est conçu par celle-ci comme étant relatif à la cosmologie, c'est-à-dire à la science des grandes lois qui gouvernent l'univers physique. La place de l'individu dans la société et les normes qui lui sont applicables ne sont pas inhérentes à son humanité – la pratique systématique de l'esclavage en est la preuve –, mais à l'ordre de l'univers. Contrairement à ce que l'on prétend parfois, la théorie du droit naturel n'est pas une création du XVIIIe mais un héritage de la pensée chrétienne et de la pensée classique. Selon cette conception, l'individu dispose, du fait de son appartenance à l'humanité, un certain nombre de droits naturels antérieurs à toute association. Indépendamment de

---

134 Pour une étude synthétique de l'Antiquité des droits humains voir notamment K. NERI, L. HAQUIN SAENZ, *Histoire des droits de l'homme de l'Antiquité à l'Époque moderne,* Bruxelles, Bruylant, 2015, pp. 10-47.

son origine ou de sa condition sociale, l'individu porte en lui des droits inhérents à sa personne qui ne sauraient être ignorés sans que, du même coup, son essence soit altérée. La société est donc nécessairement issue d'un contrat par lequel les individus acceptent de limiter leur liberté en échange de lois garantissant la perpétuation du corps social, et n'a pas d'autres raisons d'être que « la conservation des droits naturels et imprescriptibles de l'homme »[135].

L'individualisme libéral des Lumières et ses descendants ont repris et transformé cette théorie pour soutenir la thèse de la primauté de l'individu sur la collectivité. Leur préoccupation principale était de redéfinir les rapports entre l'individu et l'État de telle sorte que ce dernier soit le garant de la jouissance effective des droits et libertés du premier. Dans ce schème, les lois ont donc pour seule fonction « d'organiser la coexistence entre la liberté des uns et celle des autres »[136]. Malgré le contrat social qui réduit la liberté naturelle de l'individu, « il y a une partie de l'existence humaine qui, de nécessité, reste individuelle et indépendante et qui est, de droit, hors de toute compétence sociale »[137]. Si les Déclarations américaines sont en partie fondées sur cette théorie[138], la DDHC est la mise en forme positive la plus achevée de l'individualisme libéral des Lumières. Celle-ci

---

135 Article 2 de la DDHC : « Le but de toute association politique est la conservation des droits naturels et imprescriptibles de l'Homme. Ces droits sont la liberté, la propriété, la sûreté, et la résistance à l'oppression ».

136 D. LOCHAK, *Les droits de l'homme,* Paris, La Découverte, 2009, p. 36.

137 B. CONSTANT, « Principes de politique applicables à tous les gouvernements représentatifs et particulièrement la Constitution actuelle de la France », *in* B. CONSTANT, *Écrits politiques*, Paris, Gallimard, 1997, pp. 312-313.

138 « *The end of the institution, maintenance, and administration of government, is to secure the existence of the body politic, to protect it, and to furnish the individuals, who compose it, with the power of enjoying, in safety and tranquility, their natural rights, and the blessings of life* » (Première phrase du Préambule de la Constitution du Massachusetts). On retrouve l'influence de cette théorie dans la Constitution de Virginie ou la Déclaration unanime des treize États-Unis d'Amérique.

place la personne humaine au centre de ses préoccupations et proclame uniquement des droits que l'individu peut exercer seul, sans avoir besoin du concours de la collectivité. Cette doctrine a été la cible récurrente de divers courants critiques, qu'il s'agisse des Romantiques allemands, des théoriciens marxistes[139], ou encore des relativistes qui y voient la marque de la culture occidentale. Les promoteurs et défenseurs des droits collectifs se fondent sur des arguments semblables à ceux avancés par ces critiques, à ceci près que ces derniers mettent souvent en cause la notion de droits humains en général, alors que les tenants des droits collectifs cherchent à imposer l'idée que les droits individuels n'épuisent pas l'ensemble des droits humains.

Dans la lignée des précédents normatifs d'inspiration libérale relatifs à la protection des droits humains, la Charte africaine consacre des droits individuels. Pour reprendre une dichotomie traditionnelle – bien que controversée –, elle énonce des droits civils et politiques d'une part – articles 2 à 14 –, et des droits économiques, sociaux et culturels d'autre part – articles 15 à 18. En suivant cette présentation duale, les premiers seraient directement justiciables et impliqueraient une abstention de l'État, alors que les seconds ne seraient pas directement justiciables et impliqueraient une action de l'État. À bien y regarder, cette séparation paraît inadéquate. Le 7e considérant du Préambule expose le lien d'interdépendance entre ces deux catégories de droits individuels en rappelant la conviction des États africains « que les droits civils et politiques sont indissociables des droits économiques, sociaux et culturels, tant dans leur conception que dans leur universalité, et que la satisfaction des droits éco-

---

139 Rappelons le célèbre passage de *La Question juive* : « ... les droits dits de l'homme, par opposition aux droits du citoyen, ne sont rien d'autre que les droits du membre de la société bourgeoise, c'est-à-dire de l'homme égoïste, de l'homme séparé de l'homme et de la collectivité » (K. MARX, *La Question juive*, Paris, Aubier, 1971, p. 103).

nomiques, sociaux et culturels garantit la jouissance des droits civils et politiques ». C'est dans cette logique de complémentarité qu'à la différence des deux Pactes de 1966[140], la Charte africaine ne fait pas de différence en matière d'engagement de l'État relativement à la mise en œuvre des droits qu'elle énonce. La prise en compte des droits économiques, sociaux et culturels est aussi nécessaire à la liberté de tous les individus que celle des droits civils et politiques. Tout droit a une dimension économique et sociale impliquant des actions de la part des États, dès lors que l'on s'intéresse à ses conditions concrètes d'exercice, seules susceptibles de lui donner de l'effectivité. La réalisation des droits civils et politiques a en effet toujours imposé une intervention de l'État, ne serait-ce que par la pénalisation des atteintes à ces droits par les tiers. Tout droit comporte donc une dimension positive de prestation et non simplement négative d'abstention de la part de l'État.

Cette indivisibilité des droits de l'individu se manifeste dans la jurisprudence de la Commission qui, dans ses motifs, énumère généralement des droits qui appartiennent aux deux catégories susmentionnées. Par exemple, dans l'affaire *Institut pour les droits humains et le développement en Afrique c. Angola*[141], la Commission a reconnu que des expulsions et des déportations d'étrangers violant l'interdiction de discrimination dans la jouissance des droits (article 2), le droit au respect de la dignité (article 5), le droit à la liberté et à la sécurité (article 6), la liberté d'expression (article 10) entraînaient nécessairement la violation d'un droit économique et social, à savoir

140 Les deux Pactes prévoient pour leur part un engagement des États d'une nature différente selon la catégorie de droits concernée. Pour les PIDCP, il s'agit d'une obligation de moyens (article 2). Pour le PIDESC, il s'agit d'une obligation de résultat (article 2).

141 Commission africaine, *Institut pour les droits humains et le développement en Afrique c. Angola,* communication du 22 mai 2008.

le droit au travail (article 15). Dans une autre affaire[142], elle a aussi considéré que les déportations d'étrangers, violant les droits civils et politiques des articles 2 ; 7, §1 et 12, § 4 et 5, entraînaient une violation du droit à l'éducation protégé par l'article 17. Enfin, si la Commission souligne, en ce qui concerne le droit à la santé (article 16), que l'État doit intervenir pour permettre la jouissance de ce droit, il apparaît dans plusieurs cas qu'elle exige plutôt une abstention de l'État[143]. On voit donc qu'un examen attentif du texte de 1981 et du travail de la Commission met au jour les insuffisances de cette dichotomie. L'effectivité des droits humains impose de prendre en considération la situation concrète des individus et met en évidence l'interdépendance de tous les droits ; qu'ils soient civils, politiques, économiques, sociaux ou culturels. Les droits individuels sont indivisibles car « la personnalité de l'homme forme un tout, et pareillement, les droits qui doivent permettre l'épanouissement de cette personnalité forment aussi un tout indivisible »[144].

§ 2. Sens et portée de l'article 5 : un droit individuel au respect de la dignité humaine

L'article 5 de la Charte africaine se situe au début du premier chapitre de la ChADHP, intitulé « Des droits de l'homme et des peuples », et, plus précisément, dans la partie de ce chapitre consacrée à l'énoncé des droits individuels qui font l'objet des articles 3 à 18. Ce dernier article, dont les deux premiers alinéas sont relatifs aux droits de la famille,

---

142 Commission africaine, *Union Interafricaine des droits de l'Homme, Fédération internationale des ligues des droits de l'Homme, Rencontre africaine des droits de l'Homme, Organisation nationale des droits de l'Homme au Sénégal et Association malienne des droits de l'Homme c. Angola*, communication du 11 novembre 1997.

143 Commission africaine, *Free Legal Assistance Group, Lawyers' Committee for Human Rights, Union Interafricaine des Droits de l'Homme, Les Témoins de Jehovah c. République démocratique du Congo*, communication du 4 avril 1996.

144 Résolution 421 de l'Assemblée générale des Nations Unies du 4 décembre 1950, § 6.

fait en quelque sorte la jonction entre les droits individuels et les droits collectifs, dont l'énoncé commence dès l'article 19.

La première phrase de l'article 5 énonce un « droit au respect de la dignité inhérente à la personne humaine » qui est associé de manière immédiate au droit à la reconnaissance de la personnalité juridique. Le droit de l'individu à la reconnaissance de sa personnalité juridique peut être considéré comme la manifestation élémentaire du respect de sa dignité. Juridiquement reconnu comme sujet de droits et d'obligations, l'individu acquiert des moyens légaux d'exiger la reconnaissance et le respect de sa dignité. La deuxième phrase interdit « toutes formes d'exploitation et d'avilissement de l'homme » et illustre ces formes d'exploitation et d'avilissement en listant certaines d'entre elles – l'adverbe « notamment » servant à distinguer plusieurs éléments parmi un ensemble général sans prétendre à l'exhaustivité. L'énonciation de ces prohibitions[145] permet de définir le contenu minimum de la notion par une énumération des atteintes au droit au respect de la dignité ; elles sont en quelque sorte explicatives de ce droit. Il est, en effet, manifeste que la garantie de ne pas être soumis à l'esclavage, à la traite, à la torture ou à des peines et traitements inhumains et dégradants, ou à toute forme d'exploitation et d'avilissement contribue significativement à la protection de la dignité humaine[146]. À l'instar des autres instruments internationaux et régionaux relatifs à la protection des droits humains, la

145 Cette formulation se démarque de celle que l'on peut trouver à l'article 5 de la DUDH : « Nul ne peut être soumis à la torture ni à des peines ou des traitements cruels, inhumains ou dégradants ». L'article 4 énonce que « nul ne peut être tenu en esclavage ni en servitude ». Les mêmes formules se retrouvent dans les Conventions européenne et interaméricaine.

146 À la différence des Conventions interaméricaine (article 6) et européenne (article 4) des droits de l'homme, cette disposition n'interdit pas expressément le travail forcé. Pour F. OUGUERGOUZ, « cette carence n'en est pas vraiment une puisque le travail forcé s'apparente à une exploitation de l'homme et est par conséquent banni par cette disposition » (F. OUGUERGOUZ, *op. cit.*, p. 101).

Charte africaine ne donne cependant pas de définition du respect de la dignité, ni de la torture et des traitements cruels, inhumains et dégradants[147]. Ce vide définitionnel pourra être en partie comblé grâce à l'article 60 de la Charte africaine qui autorise la Commission à s'inspirer « du droit international relatif aux droits de l'homme et des peuples, notamment [...] des dispositions des autres instruments adoptés par les Nations Unies » ; cette formulation incluant, ainsi, la Convention contre la torture et autres peines ou traitements cruels, inhumains ou dégradants adoptée le 10 décembre 1984[148] qui propose une définition de la torture, mais pas des peines ou traitements cruels, inhumains ou dégradants[149].

Le contenu et la construction de cet article 5 font de lui une véritable « originalité juridique » comparativement aux autres instruments internationaux de protection des droits humains. Tout d'abord, aucun autre texte avant celui-ci n'énonçait dans son dispositif un droit au respect de la dignité inhérente à la personne humaine. Toutes les conventions précédentes faisaient référence au principe de respect de la

---

147 L'article 7 du second Pacte des Nations Unies de 1966 donne néanmoins un exemple de ce qui pourrait constituer un de ces actes, à savoir l'expérimentation médicale ou scientifique non consentie.

148 Ratifiée, en 2018, par 47 États africains.

149 Relativement à ce flou définitionnel, il convient de rappeler l'arrêt séminal du 18 juin 1978 de la CourEDH dans l'affaire *Irlande c. Royaume Uni.* Pour la Cour la distinction entre torture et traitements inhumains ou dégradants procède principalement d'une différence dans l'intensité des souffrances infligées. La Cour a estimé que l'article 3 de la CEDH, « en distinguant la *"torture"* des *"traitements inhumains ou dégradants"*, a voulu par le premier de ces termes marquer d'une spéciale infamie des traitements inhumains délibérés provoquant de fort graves et cruelles souffrances » (Affaire *Irlande c/ Royaume-Uni*, arrêt du 18 janvier 1978, Série A, vol. 25, p. 66). Trois mois plus tard, dans l'arrêt du 25 avril 1978 relatif à l'affaire *Tyrer*, la Cour de Strasbourg décida que l'application d'une peine judiciaire corporelle consistant en des coups de verge sur le « derrière nu » d'un adolescent s'analysait en une peine « dégradante » au sens de l'article 3 de la Convention mais ne pouvait pas être assimilée ni à une torture, ni même à une peine inhumaine.

dignité soit – comme nous l'avons vu dans notre première partie – dans leur préambule, soit en incluant le respect de ce principe dans l'un des droits qu'elles proclamaient : le droit à la sécurité sociale (article 22)[150] et le droit au travail (article 23, § 3)[151] dans la DUDH ; le droit à l'éducation (article 13, §1)[152] dans le PIDESC ; le droit à la propriété privée (article 23)[153] dans la Déclaration américaine des droits et devoirs de l'homme ; ou encore le droit à l'intégrité de la personne (article 5)[154], l'interdiction de l'esclavage (article 6)[155] et le droit à l'honneur (article 11)[156] dans la Convention américaine relative aux droits de l'homme. La transformation du principe axiologique de respect de la dignité en un droit spécifique au respect de la dignité inscrit dans le dispositif n'est pas sans signification dans le contexte d'un continent qui a connu l'esclavage[157] et connaissait encore, au moment de la rédac-

---

150 Article 22 : « Toute personne, en tant que membre de la société, a droit à la sécurité sociale ; elle est fondée à obtenir la satisfaction des droits économiques, sociaux et culturels indispensables à sa dignité et au libre développement de sa personnalité, grâce à l'effort national et à la coopération internationale, compte tenu de l'organisation et des ressources de chaque pays ».

151 Article 23, § 3 : « Quiconque travaille a droit à une rémunération équitable et satisfaisante lui assurant ainsi qu'à sa famille une existence conforme à la dignité humaine et complétée, s'il y a lieu, par tous autres moyens de protection sociale ».

152 Article 13, § 1 : « Les États parties au présent Pacte reconnaissent le droit de toute personne à l'éducation. Ils conviennent que l'éducation doit viser au plein épanouissement de la personnalité humaine et du sens de sa dignité et renforcer le respect des droits de l'homme et des libertés fondamentales ».

153 Article 23 : « Toute personne a droit à la propriété privée pour satisfaire aux nécessités essentielles d'une vie décente, qui contribue à maintenir sa dignité et celle de son foyer ».

154 Article 5 : « Toute personne privée de sa liberté sera traitée avec le respect dû à la dignité inhérente à la personne humaine ».

155 Article 6 : « [...] le travail forcé ne doit point préjudicier à la dignité ni à la capacité physique et intellectuelle du détenu ».

156 Article 11 : « Toute personne a droit au respect de son honneur ».

157 Voir P. C. EMMER, « L'Afrique et l'impact de la traite atlantique », *Revue d'histoire moderne et contemporaine*, vol. 52-4 bis, n° 5, Paris, Belin, 2005, pp. 5-17.

tion de la Charte, la colonisation dans certains pays – telle la Rhodésie du Sud[158]– et l'apartheid en Afrique du Sud. Ayant à l'esprit ce pan de l'histoire du continent marqué par l'asservissement et la domination, les rédacteurs de la Charte ont pris le parti d'assurer le respect de la dignité humaine en en faisant un droit individuel autonome et non, seulement, un principe annexe ou une valeur morale dont la réalisation dépend d'un droit dont l'objet premier n'est pas le respect de la dignité. Par-là, ils ont enrichi les précédents normatifs internationaux et régionaux relatifs à la protection des droits humains de ce nouveau droit au respect de la dignité humaine. La Charte relative aux droits de la femme du 13 juillet 2003 a d'ailleurs repris *in extenso* ce « droit au respect de la dignité inhérente à l'être humain »[159], tout comme la Convention de l'Union africaine sur la protection et l'assistance aux déplacés internes en Afrique du 23 octobre 2009[160] et de nombreuses Constitutions du continent[161].

La seconde originalité de cet article tient à son caractère synthétique. Il condense dans un seul article ce qui fait l'objet, dans la majorité des autres instruments internationaux de protection des droits de la personne humaine, de plusieurs dispositions distinctes. La DUDH consacre son article 4 à l'interdiction de l'esclavage, son article 5 à l'interdiction de la torture et son article 6 au droit à la recon-

---

158 La Rhodésie du Sud (actuel Zimbabwe) a accédé à l'indépendance le 18 avril 1980.

159 Article 3 : « Toute femme à droit au respect de la dignité inhérente à l'être humain, à la reconnaissance et à la protection de ses droits humains et légaux ».

160 Article 1, § 10 : « Aux fins de la présente Convention, on entend par : [...] "pratiques néfastes" : tous comportements, attitudes et/ou pratiques qui affectent négativement les droits fondamentaux des personnes, tels qu'entre autres le droit à la vie, à la santé, à la dignité, à l'intégrité mentale et physique et à l'éducation ».

161 Voir notamment les Constitutions de la République Unie de Tanzanie et des Républiques de Côte d'Ivoire, de Tunisie, du Rwanda, du Mozambique, du Tchad, du Nigéria ou encore d'Afrique du Sud.

naissance de la personnalité juridique. Dans le PIDCP, la torture et les peines ou traitements cruels, inhumains ou dégradants sont interdits à l'article 7, l'esclavage à l'article 8 et l'article 16 protège la reconnaissance de la personnalité juridique. Il en va de même pour la Convention européenne des droits de l'homme – l'article 3 interdit la torture, l'article 4, l'esclavage – et pour la Convention américaine relative aux droits de l'homme – l'article 3 énonce le droit à la reconnaissance de la personnalité juridique, l'article 5 interdit la torture et l'article 6 interdit l'esclavage. L'article 5 de la Charte africain subsume quant à lui ce que les autres textes, qui ne prévoient pas de droit au respect de la dignité, énoncent de manière plus spécifique par l'intermédiaire de plusieurs dispositions. Le droit au respect de la dignité permet de penser le particulier sous le général, c'est-à-dire de considérer l'interdiction d'actes spécifiques comme l'esclavage, la torture ou la traite comme compris dans la catégorie générale du respect de la dignité humaine. Ce choix rédactionnel est à double tranchant. *Prima facie,* on peut penser qu'en ne consacrant pas de dispositions spécifiques à des interdictions aussi principielles que celles relatives à l'esclavage, à la torture ou à la traite, la Charte affaiblit la protection des individus ; ces interdictions devenant de simples illustrations de ce que peut représenter la violation d'un droit au respect de la dignité vague et mal défini qui n'apporte pas vraiment de protection juridique spécifique à l'individu[162]. En ce sens, l'interdiction de l'esclavage ou de la torture ne serait plus invocable directement par le plaignant, celui-ci étant contraint d'invoquer nécessairement une violation du droit au respect de la dignité pour faire reconnaître des actes d'esclavage ou de torture comme atteintes au droit africain des droits humains. Cette hypothèse semble cependant infirmée par la jurisprudence de la Commission. Dans les affaires *Organisation mondiale contre la torture et Ligue de la Zone Afrique pour la défense des droits*

---

162 F. OUGUERGOUZ, *op. cit.*, p. 97.

des enfants et élèves c. République démocratique du Congo, *Modise c. Bostwana* et *Egyptian Initiative for Personal Rights et Interrights c. Egypte,* les demandeurs ont introduit des plaintes sur le fondement de l'article 5 qui ne se référaient aucunement au droit au respect de la dignité mais bien à l'interdiction de la torture et des traitements cruels, inhumains ou dégradants. La Commission a ensuite établi une « connexion de principe entre la torture, les traitements inhumains et dégradants et la dignité humaine » en considérant que ces dits traitements « violent nécessairement le droit au respect de la dignité humaine »[163]. La formulation prohibitive de la deuxième phrase de l'article 5 n'empêche nullement d'appréhender les interdictions qui y sont énoncées comme constituant autant de droits spécifiques pour les personnes auxquelles la protection de la Charte est susceptible de s'étendre. Ces dernières constituent un simple corollaire des droits énoncés dans la première phase de la disposition, et le fait de ne pas être soumis aux traitements prohibés en question peut, de ce fait, être considéré comme un droit subjectif des individus[164]. On voit donc que la construction formelle de l'article 5, qui subsume l'interdiction des traitements cruels, inhumains ou dégradants sous le droit au respect de la dignité, n'empêche pas les individus victimes de ce type de violations de les invoquer directement devant la Commission. Cela n'affaiblit donc pas la protection de ces droits.

Au contraire, nous pensons ici que le choix des rédacteurs d'inscrire dans la Charte un droit au respect de la

---

163 Commission africaine, *Organisation mondiale contre la torture et Ligue de la Zone Afrique pour la défense des droits des enfants et élèves c. République démocratique du Congo,* communication du 18 mai 2016, § 61.

164 On notera d'ailleurs que la Commission africaine a traité de requêtes dans lesquelles les plaignants faisaient état de torture ou de traitement cruels, inhumains ou dégradants et n'a aucunement considéré qu'il s'agissait seulement d'obligations s'imposant à l'État sans qu'un droit subjectif à leur respect puisse être reconnu aux individus qui seraient victimes de tels comportements (voir notamment *Huri-Laws c. Nigéria,* communication du 6 novembre 2000, § 41).

dignité permet d'assurer une protection plus large des individus. Si l'interdiction de la torture ou de l'esclavage renvoie à deux actions dont la définition est ordinairement acceptée, l'absence de caractérisation stabilisée de la notion de dignité et le vague sémantique qui l'entoure permettent au droit au respect de la dignité d'agir en tant que fondement d'action et de réparation pour des violations qui débordent celles des interdictions susmentionnées. Comparativement aux autres instruments internationaux qui se contentent d'interdire certaines violations spécifiques de la dignité sans énoncer de droit au respect de cette dernière, l'article 5 de la Charte élargit ainsi la protection des individus en faisant possiblement entrer dans son champ d'application des actes qui ne correspondent pas aux interdictions habituelles des conventions relatives à la protection des droits humains. L'imprécision du contenu du droit au respect de la dignité humaine permet de faire correspondre un nombre plus important d'actes à une violation de la dignité humaine, et par-là, de dilater l'espace de protection des individus. Les communications *Egyptian Initiative for Personal Rights et Interrights c. Egypte*[165] et *Institute for Human Rights and Development in Africa c. Guinée*[166], ainsi que la communication plus récente *Interights & Disthwanelo c. République du Botswana* – qui considère que « le refus des autorités carcérales de l'État [botswanais] d'informer la famille et les avocats de M. Ping de la date, de l'heure et du lieu de l'exécution ainsi que du lieu exact de son inhumation [...] n'ont pas respecté le droit au respect de la dignité humaine

165 Cette communication considère que « la pendaison, [...] méthode d'exécution connue pour être lente est douloureuse, n'est pas compatible avec le droit au respect de la dignité » (*Egyptian Initiative for Personal Rights et Interrights c/ Egypte,* communication du 1er mars 2011, § 120).

166 Cette communication considère que : « les fouilles corporelles menées par les autorités guinéennes pour établir une discrimination envers les réfugiés sierraléonais constituaient une violation du droit au respect de la dignité humaine » (*Institute for Human Rights and Development in Africa c. Guinée,* communication du 7 décembre 2004, § 55).

du prisonnier, ce qui constitue une violation de l'article 5 » –, confirment que le droit au respect de la dignité assure une protection face aux atteintes à la dignité humaine qui excèdent les interdictions relatives à l'esclavage, à la torture ou aux traitements inhumains, cruels et dégradants, et assure ainsi une protection plus large de l'individu[167].

La théorie classique des droits humains consacre le primat de l'individu sur la collectivité. Le souci principal des philosophes des Lumières était de protéger la dignité et la liberté de l'individu, inhérentes à son humanité, contre toutes les ingérences exogènes, en particulier celles de l'État. Bien que singulière et novatrice d'un point de vue juridique, la Charte africaine a été influencée par cette conception. L'énonciation d'un droit individuel au respect de la dignité s'inscrit donc dans cet héritage. En revanche, en reconnaissant un « droit des peuples au respect d'une égale dignité », elle s'en émancipe considérablement et s'affranchit même du droit international des droits humains jusqu'ici en vigueur.

Section 2. Le droit des peuples au respect d'une égale dignité énoncé à l'article 19

> « Tous les peuples sont égaux ; ils jouissent de la même dignité et ont les mêmes droits. Rien ne peut justifier la domination d'un peuple par un autre » (ChADHP, article 19)

Contrairement à ce que l'on prétend souvent, la notion de droit des peuples n'est pas née dans les ruines de la Seconde Guerre mondiale, lorsque les peuples issus de la décolonisation revendiquaient un droit à disposer d'eux-

---

167 Certaines jurisprudences de la Cour européenne des droits de l'homme reflètent une conception extensive de l'article 3 de la CEDH et permettent ainsi une protection aussi large que celle assurée par l'article 5 de la ChADHP. Voir notamment CEDH, *Kider c. France*, arrêt du 1er octobre 2013 et *Bouyid c. Belgique*, arrêt du 28 septembre 2015.

mêmes. C'est néanmoins à cette période, à l'occasion de débats houleux au sein de l'AGNU, qu'elle a fait son entrée sur la scène du droit international (§ 1). En raison de l'histoire et de la sociologie propres au continent, la Charte africaine s'inscrit dans une dynamique collective et énonce un droit des peuples au respect d'une égale dignité, d'où découle la reconnaissance d'autres droits à des peuples plus spécifiques (§ 2).

§ 1. Droits des peuples : genèse et définition

Avant d'entamer un travail de caractérisation de la notion de « droits des peuples », il convient de faire un bref *ex cursus* vers la notion de « droits collectifs ». Certains qualifient de collectifs les droits dont le titulaire est un individu mais dont l'exercice est collectif, c'est-à-dire des droits « qui ne peuvent être exercés qu'en groupe »[168] – par exemple, le droit d'association ou la liberté syndicale –. D'autres définissent comme collectifs les droits protégeant un intérêt collectif, tel que l'environnement[169]. Une troisième définition prend pour critère le titulaire des droits. Dans cette optique, sont collectifs les droits dont le titulaire est une collectivité[170]. Selon cette dernière acception[171], qui prend comme critère le titu-

---

168 Voir F. SUDRE, *Droit international et européen des droits de l'homme,* Paris, PUF, 2001, p. 175.

169 Voir L. GREEN, « Two Views of Collective Rights », *Canadian Journal of Law and Jurisprudence*, vol. 4, Cambridge, Cambridge University Press, 1991, pp. 320-324.

170 J. RIVERO, « Rapport introductif général », *in Les droits de l'homme : droits collectifs ou droits individuels, Actes du colloque de Strasbourg,* Paris, LGDJ, 1980, p. 12.

171 Selon nous, et avec J. RINGELHEIM, les deux premières ne permettent pas de distinguer précisément les deux types de droits. L'exercice de la liberté d'association suppose certes l'action concertée de plusieurs individus mais chacun d'eux exerce de façon concomitante son droit propre. Le critère du type d'intérêt protégé par le droit, quant à lui, ne semble pas pertinent, puisque certains intérêts peuvent être perçus comme individuels ou collectifs, selon le contexte. Pour un examen approfondi de ce débat, voir J. RINGELHEIM, « Droits individuels et droits collectifs : avenir d'une équivoque », *in* E. BRIBOSIA et L. HENNEBEL, *Classer les droits de l'homme,* Bruxelles, Bruylant, 2004, pp. 231-232.

laire des droits, les droits des peuples sont, bien évidemment, des droits collectifs.

Nous l'avons vu, les philosophes des Lumières sont les pères fondateurs d'une conception individualiste des droits humains que l'on retrouve dans l'ensemble du droit international des droits humains. Ce que l'on sait moins, c'est qu'ils sont également à l'origine de la notion moderne de « droits des peuples »[172]. Ouvrant la voie aux Révolutions américaines et françaises de la fin du XVIIIe siècle, ils ont contesté et rejeté la monarchie de droit divin et élaboré un nouveau principe de légitimité politique fondé sur la volonté du peuple. Dans cette théorie politique, le peuple est élevé au rang d'acteur collectif et investi du droit d'instituer le gouvernement. Le concept de « peuple » est toutefois défini comme l'ensemble des individus qui composent l'État et qui sont unis par leur appartenance à cette même entité politique. Pour la pensée libérale du XVIIIe siècle, il n'est en revanche pas question de reconnaître des droits aux communautés religieuses, linguistiques ou régionales – c'est-à-dire infra ou para-étatiques – qui s'interposent entre l'individu et l'État. Cette conception originaire de la notion de « droits des peuples » est donc inséparable de la vision libérale classique de la société, polarisée autour de l'individu et de l'État. Au cours du XIXe siècle, la signification de la notion de « peuple » se transforme. En réaction au rationalisme et à l'individualisme abstrait des Lumières, les Romantiques allemands exaltent la nature sociale de l'être humain, son enracinement dans une communauté de langue et de traditions[173]. Pour la pensée romantique, c'est à travers la langue et la culture particulières de la communauté à la-

172 B. G. RAMCHARAN, « Individual, collective and group rights: History, theory, practice and contemporary évolution », *International Journal of Group Rights,* n° 1, Leiden, Brill, 1993, p. 28.

173 M. CRÉPON, *Les géographies de l'esprit. Enquête sur la caractérisation des peuples de Leibniz à Hegel*, Paris, Payot, 1996, pp. 146-155.

quelle il appartient que l'individu construit son identité. Le « peuple » (ou la « nation »)[174] est conçu comme une collectivité unie par une histoire, une langue, des traditions, c'est-à-dire une culture commune. Le corollaire de cette nouvelle acception philosophique du terme est la modification des implications de la notion de « droits des peuples » ; elle renvoie désormais à la possibilité pour chaque communauté culturelle de fonder son propre État. Pour dépasser les apories de la théorie romantique – la fragmentation de la souveraineté et la multiplication des micro-États –, le courant des « pluralistes anglais »[175] développe, dans les premières années du XXe siècle, la notion de « droits des groupes » (*group rights*), au sens de droits des collectivités au sein de l'État. Ces auteurs contestent l'idée d'une souveraineté globale de l'État qui réaliserait une unité sociale complète. À leurs yeux, les diverses associations et groupements dont les individus sont membres « constituent des sociétés distinctes qui peuvent prétendre, au même titre que l'État, à la loyauté des individus dans la sphère de leurs compétences. Il faudrait par conséquent leur reconnaître des droits propres »[176].

La notion de « droits des peuples » émerge en droit international dans l'immédiate après Seconde Guerre mondiale par l'intermédiaire du droit des peuples à disposer d'eux-mêmes. La reconnaissance de ce nouveau droit, qui désigne le droit de décider librement de leurs affaires intérieures et

---

174 Selon l'historien E. J. HOBSBAWM, les termes « peuples » et « nations » étaient utilisés de façon interchangeable par les théoriciens du XIXe siècle (*Nations and Nationalism since 1780, Programme, Myth, and Reality*, Cambridge, Cambridge University Press, 1990, pp. 18-19

175 Dont les deux représentants principaux sont W. JAMES et B. RUSSELL.

176 J. RINGELHEIM, « Droits individuels et droits collectifs : avenir d'une équivoque », *in* E. BRIBOSIA et L. HENNEBEL, *op. cit.*, Bruxelles, Bruylant, 2004, p. 236.

extérieures sans ingérence étrangère[177], était revendiquée au sein des Nations Unies par les États issus de la décolonisation – soutenus par le bloc communiste –, et ce bien que la Charte des Nations Unies reconnaisse, en son article 1, § 2, le « principe de l'égalité de droits des peuples et de leur droit à disposer d'eux-mêmes ». Cette notion « cristallisait en effet l'aspiration des États nouvellement indépendants à transformer le droit international qui s'était construit sans eux »[178]. Au vu de cette volonté des États nouvellement indépendants, l'AGNU vota, le 16 décembre 1952, la résolution 637 (VII) dite du « Droit des peuples et des nations à disposer d'eux-mêmes » puis, le 14 décembre 1960, la résolution 1514 (XV) dite « Déclaration sur l'octroi de l'indépendance aux pays et aux peuples coloniaux ». Sans valeur contraignante, celle-ci réaffirme, néanmoins, le droit à l'autodétermination en refusant tout retard dans l'accession à l'indépendance[179]. Le droit des peuples à disposer d'eux-mêmes fut aussi consacré par les articles premiers des deux Pactes du 16 décembre 1966 qui disposent que « tous les peuples ont le droit de disposer d'eux-mêmes. En vertu de ce droit, ils déterminent librement leur statut politique et assurent librement leur développement économique, social et culturel ». La Cour internationale de Justice a par ailleurs

---

177 « En vertu du principe de l'égalité des droits des peuples et de leur droit à disposer d'eux-mêmes, consacré dans la Charte des Nations unies, tous les peuples ont le droit de déterminer leur statut politique en toute liberté et sans ingérence extérieure et de poursuivre leur développement économique, social et culturel et tout Etat a le devoir de respecter ce droit conformément aux dispositions de la Charte » [AGNU, Résolution 2625 (XXV), 24 octobre 1970, Déclaration relative aux principes du droit international touchant les relations amicales et la coopération entre les États conformément la Charte des Nations Unies].

178 J. RINGELHEIM, « Droits individuels et droits collectifs : avenir d'une équivoque », *in* E. BRIBOSIA et L. HENNEBEL, *op. cit.*, Bruxelles, Bruylant, 2004, p. 220.

179 Les résolutions 1541 (XV) du 15 décembre 1960 et 2625 (XXV) du 24 octobre 1970 précisèrent les modalités d'exercice du droit des peuples à disposer d'eux-mêmes.

indiqué, dans son arrêt relatif à l'affaire du *Timor oriental,* que le droit des peuples à disposer d'eux-mêmes « tel qu'il s'est développé à partir de la Charte des Nations unies et de la pratique de l'Organisation des Nations Unies [était] un droit opposable *erga omnes* »[180].

En consacrant six articles aux droits des peuples, la Charte africaine s'inscrit dans cette dynamique générale du droit international. Mais, là est son originalité, en plus du droit des peuples à disposer d'eux-mêmes (article 20), elle énonce aussi le droit des peuples à l'égale dignité (article 19), le droit des peuples à la libre disposition de leurs richesses et de leurs ressources naturelles (article 21), le droit des peuples au développement économique, social et culturel et à l'égale jouissance du patrimoine commun de l'humanité (article 22), le droit des peuples à la paix (article 23) et le droit à un environnement satisfaisant et global (article 24). Elle est ainsi la première convention multilatérale relative à la protection des droits humains à désigner les peuples eux-mêmes en tant que titulaires de certains droits. Cependant, à l'instar du droit international général et du droit international des droits humains, la Charte africaine ne contient aucune définition du vocable « peuple », terme polysémique qui peut être compris dans des sens très divers[181]. Le silence du texte est, comme

---

180 CIJ, *Timor Oriental, Portugal c. Australie*, arrêt du 30 juin 1995, *Recueil 1995,* p. 102, § 29.

181 Dans le *Dictionnaire de droit international public* dirigé par J. SALMON, « le mot “peuple” [...] désigne une collectivité d'êtres humains unis par un lien de solidarité, ce lien pouvant consister en des phénomènes divers : a) le fait d'être ressortissant d'un même État [...], b) le fait d'une communauté établie sur un territoire qui ne constitue pas un État, c) le fait d'une communauté répartie sur plusieurs territoires, d) le fait de communautés réparties sur le territoire d'un seul État mais qui aspirent à devenir des États séparés » (J. SALMON, *op. cit.,* p. 827). Comme le note F. OUGUERGOUZ, « toutes les tentatives de définition de ce terme sur la base de critères objectifs (passé, territoire, religion, langue communs) ou subjectifs (volonté de vivre ensemble) ont échoué ; à telle enseigne d'ailleurs que certains ont été conduits à s'interroger sur l'opportunité de pareille définition » (F. OUGUERGOUZ, *op. cit.*, p. 132). Pour C. CHAUMONT, tenter de définir *a priori* ce

l'écrit F. OUGUERGOUZ, « très instructif car il témoigne implicitement de l'intention des rédacteurs de ne privilégier ou de n'exclure *a priori* aucune interprétation du mot "peuple" »[182]. Celui-ci, tel qu'il est appréhendé par la Charte, peut être porteur de diverses significations, dont aucune n'a encore fait autorité[183]. Les 3e et 8e considérants du Préambule semblent concevoir le peuple uniquement comme une entité sous domination coloniale[184]. Cette signification est reprise à l'article 20 aux fins de la proclamation du droit à l'autodétermination. La deuxième signification renvoie au peuple constitutif de l'État, c'est-à-dire à l'ensemble des individus qui vivent sur un même territoire et sont soumis aux mêmes lois et aux mêmes institutions politiques. Comme le remarque J. MATRINGE[185], ainsi conçu, le peuple n'a jamais été

---

qu'est un peuple reviendrait à l'enfermer dans une détermination abstraite et à négliger la « liberté concrète » du peuple. Selon lui, l'appréhension du peuple ne peut se faire que « dans le mouvement même d'un peuple, et bien entendu ce mouvement ne peut être que concret et repose sur une intensité de volonté. Il s'agit donc, non d'une caractéristique pré-déterminée mais d'une action [...] seul le mouvement peut rendre compte » (C. CHAUMONT, « Le droit des peuples à témoigner d'eux-mêmes », *Annuaire du Tiers-Monde*, n° 3, Paris, Editions Berser-Levrault, 1976, p. 16.)

182 F. OUGUERGOUZ, *op. cit.*, p. 132.

183 S. JENSEN, *The Making of International Human Rights: The 1960s, Decolonization and the Reconstruction of Global Values*, Cambridge, Cambridge University Press, 2016, p. 105.

184 3e considérant : « Réaffirmant l'engagement qu'ils ont solennellement pris à l'Article 2 de ladite Charte, d'éliminer sous toutes ses formes le colonialisme de l'Afrique, de coordonner et d'intensifier leur coopération et leurs efforts pour offrir de meilleures conditions d'existence aux peuples d'Afrique, de favoriser la coopération internationale en tenant dûment compte de la Charte des Nations Unies et de la Déclaration Universelle des Droits de l'Homme » ; 8e considérant : « Conscients de leur devoir de libérer totalement l'Afrique dont les peuples continuent à lutter pour leur indépendance véritable et leur dignité et s'engageant à éliminer le colonialisme, le néocolonialisme, l'apartheid, le sionisme, les bases militaires étrangères d'agression et toutes formes de discrimination, notamment celles fondées sur la race, l'ethnie, la couleur, le sexe, la langue, la religion ou l'opinion politique ».

185 J. MATRINGE, *op. cit.*, p. 79. Voir aussi F. OUGUERGOUZ, *op. cit.*, p. 140.

appréhendé par le droit international comme sujet de droit car il était justement considéré comme un élément constitutif du sujet de droit originaire qu'est l'État. Jusqu'ici, c'était bien l'État représentant du peuple qui seul était considéré comme sujet du droit international. Enfin, la dernière signification possible est celle qui adosse le terme « peuple » à une collectivité infra-étatique, c'est-à-dire un ensemble d'individus ressortissant d'un État, donc inclus dans le peuple constitutif de celui-ci – le peuple étatique –, mais qui s'en distingue par des caractéristiques et des liens propres, ainsi qu'un sentiment d'identité qu'il entend préserver en tant que communauté[186]. En excluant « toutes formes de discriminations, notamment celles fondées sur la race, l'ethnie, la couleur, le sexe, la langue, la religion ou l'opinion politique »[187], les rédacteurs de la Charte ont mis en exergue leur souci de tenir compte de la pluralité des communautés infra-étatiques des Afriques. La première Déclaration relative aux droits humains qui fut rédigée sur le continent africain, à savoir la Déclaration universelle du droit des peuples adoptée à Alger le 4 juillet 1976, contient déjà des dispositions visant clairement de telles collectivités. L'on peut notamment citer le droit de tout peuple de s'exprimer dans sa propre langue et de préserver et développer sa culture (article 13). Plus explicite encore, l'article 19, placé dans une section VI intitulée « Droit des minorités », commence ainsi : « lorsqu'un peuple constitue une minorité au sein d'un État

---

186 Nous reprenons ici l'hypothèse de F. OUGUERGOUZ (*op. cit.*, p. 141). Mais à la différence de ce dernier, nous préférons à la notion « d'ethnie » dont la pertinence épistémique fait débat chez les anthropologues – en ce sens, voir J.-L. AMSELLE, « De la déconstruction de l'ethnie au branchement des cultures : un itinéraire intellectuel », *Actes de la recherche en sciences sociales*, vol. 185, n° 5, 2010, pp. 96-113 – celle, plus axiologiquement neutre, de « collectivité non-étatique ». Il convient de préciser qu'une collectivité non-étatique peut être minoritaire ou majoritaire au sein de la collectivité nationale. Voir aussi M. MUBIALA, « Les droits des peuples en Afrique », *Revue trimestrielle des droits de l'homme*, Bruxelles, Anthemis, 2004, n° 60, pp. 985-1000.

187 8e considérant du Préambule et article 2.

[…] ». Il reconnaît ainsi le fait que le terme « peuple » peut être utilisé pour désigner une collectivité infra-étatique minoritaire.

Cette approche a été confirmée par la Commission africaine dans un rapport de 2003 qui affirme que : « du moment que la Charte africaine reconnaît les droits collectifs, appelés "droits des peuples", ces droits devraient être applicables aux catégories des populations au sein des Etats nations[188]. La jurisprudence la plus récente semble confirmer cette dernière hypothèse. Lorsqu'elles usent du terme « peuple », la Commission comme la Cour visent aussi bien les peuples étatiques que les communautés infra-étatiques intégrées dans la population constitutive de l'État national. Dans ses communications du 27 octobre 2001, relative à l'affaire *Social and Economic Rights Action Center and Center for Economic and Social Rights c. Nigeria*, et du 25 novembre 2009, relative à l'affaire *Centre for Minority Rights Development and Minority Rights Group c. Kenya,* la Commission a jugé que les États défendeurs avaient respectivement violé les droits de peuples Ogoni[189] et Endorois[190], communautés infra-étatiques autochtones vivant dans le sud du Nigéria et le centre du Kenya. Quant à la Cour, elle a estimé, dans sa décision du 26 mai 2017[191], que l'État kenyan avait notamment violé le droit à la libre disposition des richesses et ressources naturelles (article 21) et le droit au développement (article

---

188 *Rapport du groupe de travail d'experts de la Commission africaine des droits de l'homme et des peuples sur les populations/communautés autochtones*, 34e session ordinaire, 6-20 novembre 2003, p. 4.

189 La Commission africaine a jugé que l'État défendeur avait notamment violé les articles 22 et 24 de la Charte africaine.

190 La Commission africaine a jugé que l'État défendeur avait notamment violé les articles 21 et 22 de la Charte africaine.

191 CADHP, *Commission africaine des droits de l'homme et des peuples c/ République du Kenya*, arrêt du 26 mai 2017.

22) du peuple Ogiek[192]. Ainsi, « le peuple » tel qu'il est appréhendé – et non défini – par la Charte africaine renvoie à une diversité de sujets : le peuple sous domination coloniale, le peuple constitutif de l'État et la collectivité infra-étatique.

§ 2. Sens et portée de l'article 19 : le droit des peuples à une égale dignité

Dans la partie de la Charte consacrée aux droits des peuples, les rédacteurs ont choisi d'énoncer à l'article 19 un droit des peuples à une égale dignité. Tous les peuples sont égaux donc ils jouissent d'une égale dignité, du droit au respect de celle-ci et de droits plus spécifiques censés assurer ce respect. L'intégration d'un droit individuel au respect de la dignité humaine rend déjà la Charte africaine singulière vis-à-vis des autres conventions internationales relatives à la protection des droits humains. Mais, en faisant du peuple le titulaire d'un droit fondé sur une notion qui n'avait était jusqu'ici que l'apanage de l'individu, l'article 19 du texte de 1981 renforce encore plus cette singularité.

On lit souvent que le droit au respect d'une égale dignité des peuples énoncé à l'article 19 agit en réalité comme un principe de non-discrimination, susceptible de bénéficier à des collectivités[193]. La discrimination désigne le traitement différencié, inégalitaire, appliqué à des personnes sur la base de critères variables (la race, le sexe, l'origine sociale, etc.). La Convention internationale sur l'élimination de toutes les formes de discrimination raciale du 21 décembre 1965[194] définit la discrimination, raciale en l'occurrence[195], comme

---

[192] Il est intéressant de noter que la Cour d'Arusha a préféré ne pas reconnaître de violations des articles 19 et 20.

[193] Voir notamment M. BEDJAOUI ET F. OUGUERGOUZ, « Article 19 », *in* M. KAMTO, *op. cit.*, p. 447.

[194] Ratifiée, en 2018, par 50 États africains.

[195] Abstraction faite du critère racial, cette définition peut s'appliquer à toute forme de discrimination. L'article 1er de la Convention sur l'élimination de toutes

« toute distinction, exclusion, restriction ou préférence fondée sur la race, la couleur, l'ascendance ou l'origine nationale ou ethnique, qui a pour but ou pour effet de détruire ou de compromettre la reconnaissance, la jouissance ou l'exercice, dans des conditions d'égalité, des droits de l'homme et des libertés fondamentales dans les domaines politique, économique, social et culturel ou dans tout autre domaine de la vie publique »[196]. À la lecture de cette disposition, il semble pourtant que la notion de respect de l'égale dignité des peuples aille plus loin que celle de non-discrimination. Certes, le droit énoncé à l'article 19 protège contre toute pratique discriminatoire à l'égard d'un groupe particulier – linguistique, religieux, culturel, etc. –, et porte ainsi « la condamnation de toute hégémonie – *de jure* ou *de facto* – exercée par une ou plusieurs [communautés] sur une ou plusieurs autres »[197]. La communication du 27 mai 2009 relative à l'affaire *Kevin Mgwanga Gunme et al. c. Cameroun* affirme d'ailleurs que le fait d'imposer, dans les domaines judiciaire, éducatif et commercial, l'usage de la langue française aux populations anglophones des régions du Nord-Ouest et du Sud-Ouest, du Cameroun, ainsi que « le déplacement des entreprises commerciales et la délocalisation des projets économiques [notamment le déplacement du port maritime de Limbé – ville anglophone – vers Douala – ville francophone –] [...] constitue une pratique discriminatoire à l'égard de la

---

les formes de discrimination à l'égard des femmes du 18 novembre 1979 reprend d'ailleurs cette définition en l'appliquant à la discrimination fondée sur le sexe : « aux fins de la présente Convention, l'expression "discrimination à l'égard des femmes" vise toute distinction, exclusion ou restriction fondée sur le sexe qui a pour effet ou pour but de compromettre ou de détruire la reconnaissance, la jouissance ou l'exercice par les femmes, quel que soit leur état matrimonial, sur la base de l'égalité de l'homme et de la femme, des droits de l'homme et des libertés fondamentales dans les domaines politique, économique, social, culturel et civil ou dans tout autre domaine ».

196 Article 1er.

197 M. BEDJAOUI ET F. OUGUERGOUZ, « Article 19 », *in* M. KAMTO, *op. cit.*, p. 447.

communauté anglophone du Cameroun du Sud »[198], violant ainsi l'article 19 de la Charte. Néanmoins, le droit au respect de l'égale dignité des peuples ne protège pas seulement contre un traitement différencié ou inégalitaire ; il protège contre tout traitement qui attente à la dignité des peuples. Une loi peut être appliquée de manière égalitaire tout en ne respectant pas la dignité des peuples. Si un État partie à la Charte africaine décide d'asservir l'ensemble de son peuple, il applique un traitement qui n'est pas discriminatoire mais qui viole pourtant le droit des peuples au respect d'une égale dignité. Le respect de l'égale dignité des peuples est plutôt ce qui justifie le principe de non-discrimination : les peuples comme les individus ne peuvent être l'objet d'aucune discrimination car ils sont égaux en dignité.

En ce sens, à l'instar de l'article 5 pour les droits individuels, l'article 19 peut s'analyser comme un « droit-fondement » permettant l'application des droits collectifs spécifiques consacrés par les dispositions de la Charte qui le suivent[199]. C'est sur la reconnaissance et le respect de ce droit que reposent notamment les droits des peuples à la libre disposition de leurs richesses et de leurs ressources naturelles, au développement économique, social et culturel, ainsi qu'à la paix et à la sécurité.

Comme de nombreuses conventions relatives à la protection des droits de la personne humaine, la Charte africaine inscrit dans son préambule le principe axiologique de respect de la dignité humaine. Comme aucune autre, elle inscrit dans son dispositif un droit individuel au respect de cette même dignité. Remarquable par son originalité, cette disposition n'est pas en rupture avec la tradition libérale et individualiste des droits humains héritée des Lumières. En revanche, là où

---

198 Commission africaine, *Kevin Mgwanga Gunme et al. c. Cameroun,* communication du 27 mai 2009, §162.

199 M. BEDJAOUI et F. OUGUERGOUZ, « Article 19 », *in* M. MAMTO, *op. cit.*, p. 448.

le texte de 1981 se singularise de ladite filiation, et plus généralement du droit international des droits humains qui le précède, c'est en reconnaissant un droit des peuples au respect de l'égale dignité qui fonde la reconnaissance d'un certain nombre d'autres droits collectifs spécifiques.

De l'indéfinition du terme « peuple » dans la Charte africaine et de la réalité sociologique du continent découle en outre un élargissement du titulaire de ce droit fondateur. Si, comme dans la Charte des Nations Unies, ce vocable peut renvoyer aux peuples étatiques, il peut aussi désigner les collectivités non-étatiques fondues dans la collectivité étatique. Ainsi, d'un principe axiologique non prescriptif, la Charte a produit un droit directement invocable par un individu, un peuple étatique ou un peuple non-étatique[200]. La multiplication des sujets de droit qui procède de cette métamorphose est porteuse d'une double tension : l'une entre l'individu et le peuple – compris en tant que collectivité – ; l'autre entre le peuple étatique et les peuples non-étatiques.

200 Par le syntagme « peuple (ou communauté, ou encore collectivité) non-étatique », nous entendons en effet un ensemble d'individus vivant en société, présentant une homogénéité relative de civilisation, ayant parfois une même origine ethnique ou une même religion, liés par un certain nombre de coutumes et d'institutions communes, et ayant le sentiment d'appartenir à une même communauté. A la différence du peuple étatique qui est localisé sur un territoire spécifique – celui de son État –, le peuple non-étatique n'est pas obligatoirement inclus dans un seul État ; son territoire peut être à cheval sur plusieurs États.

Chapitre 2. Les tensions inhérentes au dédoublement du droit au respect de la dignité

La reconnaissance d'un droit des individus au respect de la dignité de la personne humaine et d'un droit des peuples au respect d'une égale dignité produit certaines tensions dans les rapports entre l'individu et la collectivité (*Section 1*). En outre, comme aucun choix sémantique n'a été fait au regard du terme polysémique « peuple », d'autres tensions apparaissent entre le peuple étatique et les peuples non-étatiques (*Section 2*).

Section 1. La dignité des peuples contre la dignité des individus

La pensée libérale du XVIIIe siècle, qui plaçait l'individu au centre de son dispositif, a pensé les droits humains dans la crainte de la collectivité (§ 1). Bien qu'influencée par cette conception, la Charte africaine est parvenue à l'adapter à l'histoire et à la sociologie propres au continent en reconnaissant une dignité aux groupes sans pour autant mettre en péril celle des individus (§ 2).

§ 1. Les droits humains et la peur de la collectivité

La théorie des droits humains héritière de la pensée des Lumières est éminemment individualiste. Elle repose sur l'idée d'une nécessaire protection de la dignité individuelle contre le pouvoir de la collectivité. L'ensemble de la philosophie libérale se fonde sur le rejet de la société de l'Ancien régime divisée en ordres, dans laquelle le devenir de l'individu est fonction du groupe auquel il appartient. La thèse de l'état de nature joue à cet égard un rôle essentiel en ce qu'elle permet d'asseoir le principe selon lequel tout être humain est, en vertu de son humanité, investi d'une dignité propre préexistant à la société et lui conférant des droits opposables à celle-ci. Les droits humains émanent de la dignité immanente à l'individu ; ils sont inhérents à l'être humain et donc nécessairement antérieurs à toute société.

Il procède inévitablement de cette pensée une conception atomistique de la société, présentée comme une alliance volontaire d'individus permise par un contrat social capable de préserver et de protéger la dignité intrinsèque de ces derniers. La théorisation libérale du corps social ignore donc délibérément les divers groupes et communautés auxquels les individus sont liés, sans acte de volonté raisonnable de leur part, dès leur naissance[201]. Pour autant, le primat de l'individu n'a nullement pour conséquence nécessaire une anarchie libertarienne. Il est entendu dans cette théorie qu'une instance arbitrale – l'État – doit posséder le monopole de la violence légitime pour être capable de préserver les droits et prérogatives de l'individu. Cette conception libérale des droits humains ne peut donc se penser qu'au regard de la théorie de la souveraineté étatique qui s'élabore à partir de J. BODIN[202]. Celle-ci, dans un premier temps, n'a pas eu besoin de se légitimer par le biais du sujet de droit individuel pour s'affirmer comme un pouvoir indivisible capable de légiférer et d'exercer la justice[203]. Elle s'est construite indépendamment de toute conception de droits naturels subjectifs, seulement dans un rapport d'antagonisme vis-à-vis de la puissance des multiples communautés non-étatiques qui constituaient l'Ancien régime. Le sujet libéral détenteur

---

201 Pour une analyse plus ample de la théorie libérale des droits humains, voir J. RINGELHEIM, « Droits individuels et droits collectifs : avenir d'une équivoque », *in* E. BRIBOSIA et L. HENNEBEL, *op. cit.*, pp. 234-236.

202 Voir J. BODIN, *Les Six Livres de la République, Livre premier*, Paris, Classique Garnier, 2013, 828 p.

203 Voir T. BERNS, « Souveraineté, droit et gouvernementalité », *Archives de Philosophie du Droit,* Paris, Dalloz, 2002, n° 46, pp. 351-364

de droits individuels nécessaires à la protection de sa dignité émergera ensuite, à partir de T. HOBBES[204], avant tout comme un « outil théorique » permettant de dépasser cette opposition principielle entre la communauté souveraine et les différentes communautés intermédiaires. Loin d'être un fondement toujours déjà donné de la souveraineté par le biais d'une convention entre toutes les personnes humaines, le sujet de droit individuel se présente, dans la pensée hobbesienne, comme le sous-produit de la crainte d'une guerre des communautés entre lesquelles aucune convention ne serait envisageable. Il est le meilleur argument développé par la théorie de la souveraineté pour fonder l'autorité de l'État en la mettant à l'abri de la concurrence d'autres entités collectives.

L'État-nation souverain, c'est-à-dire la juxtaposition d'une organisation politique – l'État – et d'individus qui se considèrent comme liés et appartenant à un même groupe – la nation –, s'est ainsi imposé petit à petit en restreignant d'abord l'indépendance, puis la puissance des multiples types de communautés, jusqu'à ce que, pour la France par exemple, la Révolution en scelle définitivement le sort[205]. Comme le souligne J. RIVERO, l'idéologie qui sous-tend la DDHC et « qui exclut l'interposition de corps intermédiaires entre les volontés particulières et leur fusion dans la volonté générale [...] rejoint des soucis très concrets : la volonté de détruire les corps et communautés qui formaient le tissu de l'Ancienne France, la crainte de groupements hostiles à l'esprit nouveau »[206]. Toutes les collectivités non-étatiques

---

204 Voir notamment T. HOBBES, *Du citoyen,* Paris, Flammarion, 2010, p. 142.

205 Voir en ce sens les mots de I. LE CHAPELIER présentant le décret d'abolition des jurandes et des corporations en 1791 : « il n'y a plus de corporation dans l'État ; il n'y a plus que l'intérêt particulier de chaque individu et l'intérêt général. Il n'est permis à personne d'inspirer aux citoyens un intérêt intermédiaire, de les séparer de la chose publique par un esprit de corporation ».

206 J. RIVERO, « Rapport introductif général », *op. cit.*, p. 19.

sont vues avec méfiance, comme autant d'entités pouvant potentiellement violer des droits protégeant la dignité de l'individu ou des concurrents du pouvoir de l'État[207]. La difficulté de penser des droits collectifs dans le cadre d'une telle pensée des droits humains n'est donc pas qu'une simple conséquence annexe d'une conception du monde centrée sur l'individu. Le couple formé par le sujet de droit individuel et par la souveraineté étatique s'est indéniablement construit contre les communautés non-étatiques et leurs droits, c'est-à-dire contre la reconnaissance et la protection de la dignité des entités collectives dans lesquelles évolue l'individu.

Cette crainte originelle de la théorie occidentale des droits humains vis-à-vis de la collectivité est encore aujourd'hui très présente dans la doctrine. De nombreux auteurs considèrent que la reconnaissance de droits au profit d'entités non-étatiques constitue une menace pour les droits individuels et pour la stabilité de l'État. Pour eux, qu'elles soient géographiques, religieuses ou linguistiques, celles-ci « doivent être "domestiquées" par l'État de droit et ne peuvent en aucun cas investir la sphère publique. Si elles le faisaient, la société se tribaliserait, laissant les individus soumis à autant de règles différentes qu'on leur attribuerait d'appartenance. Il faut savoir que les droits humains n'ont aucun sens sans l'existence d'un espace public au sein duquel les individus s'arrachent au moins partiellement à leur enracinement particulier pour communiquer – se reconnaître en tant qu'égaux – par-delà ce qui les distingue »[208]. Si de telles distinctions fondées sur l'appartenance communautaire investissaient la sphère publique, c'est l'idée même de coexistence entre des individus d'origines diverses qui se

---

207 Voir V. VAN DIJKE, « The Individual, the State, and Ethnic Communities in Political Theory », *in* W. KYMLICA, *The Rights of Minority Cultures,* Oxford, Oxford University Press, 1995, pp. 31-56.

208 G. HAARSCHER, « Les droits collectifs contre les droits de l'homme », *Revue trimestrielle des droits de l'homme*, n° 3, Bruxelles, Anthemis, 1990, pp. 233-234.

trouverait menacée. La force des droits humains réside dans leur cosmopolitisme ; ils valent pour tout individu, quelle que soit sa communauté d'origine. En suivant cette thèse, la protection par la Charte africaine d'une dignité des peuples non-étatiques aux côtés d'une dignité de l'individu constituerait un danger pour le respect des droits humains, ces derniers pouvant se diluer dans une conception communautaire des relations interindividuelles[209].

§ 2. La tentative de dépassement de la tension entre dignité collective et dignité individuelle opérée par la Charte africaine

Outre une double énonciation de droits des individus et de droits des peuples, le texte de 1981 solidarise ces deux catégories de droits en les hiérarchisant. Sa lecture attentive montre qu'il dépasse l'opposition originelle pour penser les droits collectifs des peuples au service des droits individuels.

L'exercice des premiers ne doit pas se faire au détriment de l'exercice des derniers, mais aider à leur plein épanouissement et à leur réalisation. C'est ce qu'énonce clairement le 5e considérant du préambule : « la réalité et le respect des droits du peuple doivent nécessairement garantir les droits de l'homme. » En énonçant que « les peuples ont la libre disposition de leurs richesses et de leurs ressources naturelles [et que] ce droit s'exerce dans l'intérêt exclusif des populations », l'article 21 dispose que ce droit reconnu aux peuples s'adresse aussi aux individus et doit permettre le respect de leurs droits. Le choix du terme « population » révèle en effet la volonté de ne pas considérer le peuple comme une entité abstraite qui surplombe les entités qui le composent, mais comme un « ensemble d'individus, ayant des conditions

---

209 Voir P.-G. POUGOUE, « Lecture de la Charte africaine des droits de l'homme et des peuples », *in* P.-G. POUGOUE ET D. MAUGENEST (dir.), *Droits de l'homme en Afrique centrale*, Paris, Karthala, 1996, p. 35.

d'existence communes, habitant un espace défini par des limites administratives, politiques ou géographiques »[210]. Lorsque la Cour reconnaît que le gouvernement kenyan a violé un certain nombre de droits du peuple Ogiek[211], elle ne considère pas celui-ci comme une entité transcendante, indépendante des individus ogieks qui le composent, mais bien comme une somme d'individus unis par des traits ethniques, culturels ou linguistiques. Les juges d'Arusha ont reconnu des violations des droits des peuples (articles 21 et 22), mais aussi des droits individuels (articles 1 ; 2 ; 4 ; 8 ; 14 et 17, §2 et §3). Ils considèrent ce faisant qu'en violant les droits du peuple Ogiek, le gouvernement kenyan a aussi violé les droits des individus ogieks.

Ce jugement repose sur une conception particulière du droit du peuple : celui-ci n'est pas compris comme le droit d'une méta-entité abstraite indépendante de la volonté des individus, mais comme le droit de l'ensemble de ceux-ci, exercé au travers de cette entité qui représente le tout. C'est ce qu'exprime avec élégance C. CHAUMONT lorsqu'il écrit qu'en « chaque personne est tout un peuple, en chaque peuple est toute personne [...], chaque droit du peuple est un droit de l'homme, si bien que chaque peuple est en quelque sorte présent dans chaque personne faisant partie de ce peuple »[212]. Les droits du peuple désignent les droits humains exercés en commun pour protéger la dignité de chaque individu qui compose cette collectivité. Selon cette théorie du droit des peuples, « le droit du groupe n'a de valeur que

---

210 Définition proposée par le Centre National des Ressources Textuelles et Lexicales (CNRS – ATIF).

211 CADHP, *Commission africaine des droits de l'homme et des peuples c. République du Kenya*, arrêt du 26 mai 2017.

212 C. CHAUMONT cité par L. BETAILLER-DEMICHET, « Droits de l'homme et droits des peuples dans l'ordre international », *in Le droit des peuples à disposer d'eux-mêmes, méthode d'analyse du droit international, Mélanges offert à Charles Chaumont,* Paris, Pedone, 1984, p. 24.

parce qu'il est un moyen d'achèvement des droits de l'individu ; c'est à la fois sa raison d'être et sa limite. En cas de conflit, il devra céder devant les droits irréductibles de l'homme individu »[213]. En outre, l'article 60 qui, comme nous l'avons vu, dispose que la Commission doit s'inspirer du droit international relatif aux droits de l'homme et des peuples, et surtout l'article 61 qui établit « comme moyens auxiliaires de détermination des règles de droit, les autres conventions internationales » – lesquelles protègent essentiellement l'individu contre la collectivité –, constituent une « garantie juridique à la disposition de l'homme contre le peuple »[214]. La dignité de l'individu est donc bel et bien sauvegardée ; à travers l'énonciation de droits collectifs c'est l'épanouissement de celle-ci qui est recherché. La Charte africaine n'est donc pas fondée sur une approche exclusivement collectiviste qui diluerait la dignité des individus dans celle du groupe. L'irréductible dignité de l'individu « est préservée, mais elle ne s'épanouit que dans un cadre social avec lequel il entretient certains rapports matériels ou spirituels »[215].

Par cette hybridation, la Charte parvient donc à dépasser la tension originelle entre l'individu et la collectivité. Elle constitue un compromis entre la conception individualiste, qui accorde le primat à l'individu pensé isolément, et la conception collectiviste, qui considère la collectivité comme première et l'individu nécessairement pris dans celle-ci[216]. En

213 G. COHEN-JONATHAN, « Préface », *in Les droits de l'homme : droits collectifs ou droits individuels. Actes du colloque de Strasbourg*, Paris, LGDJ, 1980, p. 12.

214 J. MATRINGE, *op. cit.*, p. 70.

215 *Ibidem*, p. 110.

216 La consécration formelle de ce collectivisme s'explique en partie par les traditions vernaculaires du continent. Nous l'avons vu, à la différence des sociétés occidentales qui placent l'individu en leur centre, les sociétés africaines sont initialement communautaires ; l'individu se définit dans et par le groupe auquel il appartient.

opérant une symbiose entre droits des peuples et droits des individus, entre dignité collective et dignité individuelle, la Charte affirme sa singularité régionale tout en s'inscrivant dans le droit international des droits humains d'ascendance individualiste et libérale. Bien que l'inscription de la prise en considération formelle de cet héritage classique soit « une très grande innovation puisque la Charte est le premier instrument juridique à consacrer ainsi cette trilogie État-Peuple-Individu afin de protéger non seulement la collectivité des hommes mais aussi, au-delà de celle-ci, la personne humaine »[217], elle ne constitue pour autant pas une rupture avec la tradition libérale des droits humains. Il s'agit plutôt d'une adaptation de cette dernière à la réalité sociologique du continent. Il est d'ailleurs intéressant de noter que dans son sillage, plusieurs auteurs libéraux, à l'instar de W. KYMLICKA, se sont déclarés favorables à la reconnaissance de droits à la collectivité dans la mesure où ils contribuent à rendre effectifs les droits individuels des membres du groupe[218].

Le syncrétisme de la Charte résultant d'un compromis entre deux conceptions antagonistes des droits humains nous montre que le droit international ne saurait être « un système de normes articulées entre elles de manière autoréférentielle »[219] n'ayant d'autres déterminations que son propre système formel. Cette conciliation des intérêts révèle que la tension entre droits collectifs et droits individuels, entre droits des peuples et droits de l'individu, est d'une nature bien plus philosophique et politique que logico-formelle. Ainsi, le droit international des droits humains doit avoir

---

217 J. MATRINGE, *op. cit.*, pp. 70-71.

218 Voir W. KYMLICKA, « The New Debate over Minority Rights », *in* F. REQUEJO (dir.), *Democracy and National Puralism,* Londres, Routledge, 2001, p. 17.

219 O. CORTEN, « Le "droit en contexte" est-il incompatible avec le formalisme juridique ? », *Revue interdisciplinaire d'études juridiques,* Bruxelles, Editions de l'Université de Saint Louis, n° 1, 2013, p. 71.

conscience de ses déterminations extra-juridiques et, par-là, de l'impossible réalisation du projet formaliste.

En reconnaissant une dignité et des droits propres à la collectivité, sans pour autant sacrifier la protection des individus, la Charte africaine semble avoir – ou du moins pouvoir – dépassé la tension primitive entre l'individu et le groupe. Mais, nous l'avons vu, la reconnaissance d'un droit des peuples à une égale dignité a aussi produit une autre tension. Le continent africain est composé d'une myriade de communautés non-étatiques que le tracé des frontières hérité de la période coloniale, associé au principe de l'*uti possidetis*, est venu diviser entre plusieurs États. Les premiers gouvernements postcoloniaux, qui cherchaient à créer *ex nihilo* une « identité nationale », ont souvent nié l'existence même de ces peuples non-étatiques. En ne spécifiant pas que les peuples visés dans la Charte étaient ceux des États, les rédacteurs ont laissé la possibilité – volontairement ou non[220] – aux communautés non-étatiques de prétendre au droit au respect d'une égale dignité, au même titre que les peuples étatiques.

Section 2. La dignité du peuple étatique contre la dignité des peuples non-étatiques

Durant les années qui suivirent les indépendances, sous couvert de construction de la nation, les gouvernants des États africains nouvellement indépendants se sont accaparés le terme « peuple » et ont été peu enclins à reconnaître une égale dignité – et les droits qui en procèdent – aux peuples non-étatiques. L'objectif était plutôt de dissoudre ces der-

220 Il est difficile de penser que ce soit volontairement car les rédacteurs de la Charte furent les États. Néanmoins, il convient de souligner que parmi les experts réunis à Dakar du 28 novembre au 8 décembre 1979 pour préparer un projet initial de Charte, certains pouvaient être sensibles à la protection des peuples non-étatiques.

niers dans le peuple étatique pour construire un État-nation (§ 1). Mais, en ne définissant pas le terme « peuple », la Charte a laissé la possibilité aux communautés non-étatiques de revendiquer leur droit au respect d'une égale dignité (§ 2). En outre, depuis une vingtaine d'années, la jurisprudence de la Commission et, depuis peu, celle de la Cour, semblent refléter une volonté de protection du droit au respect de l'égale dignité de ces peuples non-étatiques (§ 3).

§ 1. Le droit des peuples au respect d'une égale dignité comme droit du peuple étatique

La reconnaissance d'un « droit des peuples à disposer d'eux-mêmes » par la Charte des Nations Unies a polarisé la définition de la notion de peuple en tant qu'entité se trouvant sous domination coloniale et cherchant à s'en libérer. L'OUA, dans la filiation du texte de 1945, n'a elle aussi reconnu le principe du « droit des peuples à disposer d'eux-mêmes » qu'aux anciennes colonies devenues États indépendants ; la notion de peuple étant alors réduite au peuple étatique constitutif de l'État-nation. Cette détermination ne convenait en aucun cas à la réalité du continent africain, caractérisée par des attaches fortes et profondes aux communautés non-étatiques. Bien que les rédacteurs de la Charte aient choisi d'intégrer le terme « peuple » en le laissant baigner dans toute sa polyphonie, les premiers gouvernements des États indépendants n'ont pas souhaité s'écarter de la détermination nationale du mot ; le « peuple » était le peuple étatique et il n'était pas question de reconnaître l'existence juridique de peuples au sein du peuple étatique. Durant les quinze premières années qui suivirent l'entrée en vigueur de la Charte, ils se sont plutôt servis des droits des peuples pour consolider leur pouvoir – et celui de leur communauté d'origine – bien plus que pour reconnaître des droits et assurer une protection aux peuples non-étatiques.

Pour comprendre cette volonté des États africains et de leurs gouvernants de ne pas reconnaître une égale dignité aux collectivités non-étatiques, il convient de rappeler deux faits historiques déterminants. Tout d'abord, l'essentiel du tracé des frontières du continent africain est hérité de la période coloniale[221] et n'a que très peu tenu compte de la répartition géographique des populations autochtones. Les ex-puissances coloniales ont, en effet, délimité les territoires conquis de manière arbitraire, en ne tenant compte que de leurs propres intérêts. Les populations africaines n'ont pas été associées à la délimitation de leurs territoires nationaux et n'ont pas joué de rôle significatif dans le processus d'établissement des frontières. Il s'en est suivi, après les indépendances, une coexistence sur un même territoire étatique de populations qui durant la période précoloniale appartenaient à des communautés différentes les unes des autres, tant par leurs coutumes et leurs langues que par leur organisation politique et sociale. Ces frontières furent malgré tout entérinées par l'OUA[222] qui déclara solennellement que « tous les États membres s'engagent à respecter les frontières existant au moment où ils ont accédé à l'indépendance », conformément au principe de l'*uti possidetis* consacré en droit international public. Selon un mécanisme plutôt inhabituel, ce sont donc les frontières qui ont créé des États, regroupant en leur sein plusieurs communautés autochtones sans prendre en compte leurs spécificités. Cette cohabitation territoriale de groupes de culture, de langue et de confession

---

221 Même si juridiquement ce sont les États africains qui ont réalisé et validé les partages coloniaux, on estime que seulement un cinquième des frontières africaines (15 000 km) correspond à des tracés précoloniaux. Un décompte précis des opérations de renégociation post-coloniales révèle que, de 1960 à 1985, seuls 13% de la longueur totale des frontières ont été concernés par des rectifications, le plus souvent de détail, soit à peu près 10 000 sur 80 000 km. (C. BOUQUET, « L'artificialité des frontières en Afrique subsaharienne – Turbulences et fermentation sur les marges », *in Les Cahiers d'outre-mer*, Bordeaux, Presses Universitaires de Bordeaux, 2003, n° 222, pp. 181-182).

222 OUA, Résolution AHG/16-1, 21 juillet 1964.

différentes a pu être, et demeure, une source importante de tensions, voire de violents conflits internes. À ce premier héritage colonial est venu se s'ajouter celui de l'État-nation unitaire, élaboration relativement récente de la culture européenne privilégiant « une conception abstraite de la citoyenneté indépendamment de toute appartenance sociale, notamment ethnique »[223], qui s'est trouvée appliquée telle quelle en tant que système politique dans les nouveaux pays issus de la décolonisation[224]. Centralisateur et uniformisant, le modèle de l'État-nation repose sur une structure constitutionnelle et administrative empreinte d'une perception très unitariste de la société. Il tend ainsi incontestablement à l'homogénéisation de la société politique nationale et, partant, à la négation du pluralisme infranational. Les États décolonisés se sont donc retrouvés avec, d'un côté, un territoire qui incluait une multitude de collectivités que rien ne liait, et, de l'autre, un modèle politico-administratif fondé sur une unicité linguistique et culturelle[225].

223 K. AHADZI-NONOU, « Réflexions sur un tabou du constitutionnalisme négro-africain : le tribalisme », *in Les voyages du droit. Mélanges en l'honneur du Professeur Dominique Breillat*, Paris, LGDJ - Université de Poitiers, 2011, p. 19.

224 Il est intéressant de noter qu'en « Afrique noire l'expression du vouloir vivre collectif, le rattachement à la terre des ancêtres, à la patrie, ne se fait pas au profit d'une entité abstraite, lointaine et diluée dans un grand ensemble aux contours méconnus. La terre des ancêtres, la patrie, c'est d'abord et avant tout, cette terre palpable, si proche et si concrète sur laquelle toute la famille a vu le jour. Et comme les États africains actuels ne correspondent pas à ces nations précoloniales, l'édification de l'État nation a, depuis les indépendances, consisté en des tentatives de réaliser une intégration horizontale d'éléments très hétérogènes au sein de nouveaux États afin de créer une seule "nation", une communauté politique à laquelle les individus devraient désormais allégeance, engagement et fidélité. [...] En Afrique noire, l'État n'est donc pas synonyme d'État-nation à l'occidentale, mais de mon point de vue, et d'autres l'ont déjà fait observer, un État multinational par essence » (L. MATALA-TALA, *art. cit.*, pp. 245-247)

225 A titre d'exemple, la République démocratique du Congo compte 250 groupes non-étatiques regroupés au sein de huit familles linguistiques.

Tenant compte de ce double héritage, les États africains ont été contraints de « [...] se doter d'institutions politiques capables de transformer leurs populations hétéroclites en sociétés homogènes dotées d'une identité nationale fondée sur la volonté de vivre ensemble »[226]. Dans une logique de construction d'une « identité nationale » postcoloniale, ils ont fait le choix de promouvoir les droits du peuple étatique pour contrer une possible manipulation des identités communautaires à des fins politiques, qui aurait eu pour effet de menacer l'unité nationale et, partant, de contrecarrer l'objectif de construction de la nation[227]. La contrepartie de cette construction d'une identité nationale artificielle était inévitablement une conception minimaliste des droits des peuples non-étatiques précoloniaux au respect de la dignité. Les constituants africains ne leur ont, en effet, reconnu que rarement – ou chichement – des droits de façon explicite[228] et se sont généralement montrés peu enclins à leur accorder un statut spécifique. Bien que certaines constitutions proclament « la défense de la diversité culturelle et linguistique de la communauté nationale »[229], la majorité des États a souvent sacrifié le respect de la dignité des collectivités non-étatiques sur l'autel d'une politique d'assimilation[230]. La pro-

---

226 K. AHADZI-NONOU, « Réflexions sur un tabou du constitutionnalisme négro-africain : le tribalisme », *art. cit.*, p. 19.

227 L'une des particularités de la Charte constitutive de l'OUA est qu'elle a fortement privilégié les nouveaux États, en insistant sur la lutte contre le colonialisme et la politique à mener pour la libération des peuples étatiques africains.

228 Pour étude de droit constitutionnel comparé, voir O. NAREY, « Les droits des minorités en Afrique : jeu et enjeux » *Afrilex. Revue d'étude et de recherche sur le droit et l'administration dans les pays d'Afrique,* Bordeaux, Université de Bordeaux, 2013, 37 p.

229 Constitution de la République du Mali (adoptée le 12 janvier 1992), 2e considérant du préambule.

230 Reprenant à son compte les constatations de la mission du Mécanisme africain d'évaluation par les pairs, le Groupe de travail de la Commission africaine a, dans son rapport, relevé qu'au Rwanda « l'approche du gouvernement est basée sur une politique d'assimilation » et qu'il « semble y avoir un désir d'effacement

tection de leurs droits n'a pas fait l'objet d'un régime juridique spécifique. Dans la plupart des États, elle n'a été intégrée que de manière lapidaire dans les domaines législatif et judiciaire pour assurer la protection des populations en général, et en particulier de groupes considérés comme étant les plus vulnérables. En outre, bien que la majorité des États africains ait ratifié les principaux instruments relatifs à la protection des droits humains et que 31 d'entre eux aient voté la Déclaration des Nations Unies sur le droit des peuples autochtones, ils n'ont, bien souvent, pas mis leurs législations en conformité avec les dispositions des dits instruments internationaux.

En d'autres termes, les mesures prises dans les domaines législatif et judiciaire n'assurent pas la jouissance des droits énoncés dans les traités pertinents, notamment ceux qui intéressent spécifiquement les communautés non-étatiques. À titre d'exemple, la loi botswanaise relative à la chefferie[231], adoptée pendant la période coloniale et toujours en vigueur aujourd'hui, ne reconnaît le titre de chef qu'aux chefs des « huit tribus principales » de langue tswana – langue nationale et majoritaire du Bostwana –. Les minorités, comme les Basarwa par exemple, sont considérées comme acéphales. Il s'ensuit que ces dernières ne jouissent pas pleinement du droit aux institutions traditionnelles. Cet exemple nous montre aussi que dans l'immédiat postcolonial – et encore aujourd'hui –, les gouvernants, eux-mêmes issus de groupes non-étatiques, se sont souvent servis de la nécessité de fondre la diversité des peuples autochtones dans un peuple

---

des identités distinctes et leur intégration dans un certain tissu socio-économique traditionnel du pays » (*Rapport d'ensemble de la mission du MAEP au Rwanda*, §153 ; cité par Commission africaine des droits de l'homme et des peuples, *Centre for Human Rights* de l'Université de Pretoria, Organisation internationale du travail, *Aperçu du rapport du projet de recherche par l'Organisation internationale du travail et la Commission africaine des droits de l'homme et des peuples relatif à la protection constitutionnelle et législative des droits des peuples autochtones dans 24 pays africains*, Genève, 2009, p. 35).

231 Chapitre 41.01 de la loi sur la chefferie du Botswana.

national pour imposer l'hégémonie de leur groupe, de leur famille ou de leur personne. En Centrafrique, par exemple, durant la présidence de David Dacko (1960-1966), la défense de l'unité nationale servait à justifier l'instauration d'un parti unique, la liquidation de l'opposition et la personnalisation du pouvoir. Le président invoquait la nécessité de « prendre toutes les mesures, même arbitraires, contre ceux qui prêchent la haine tribale pour entraîner la division du pays »[232]. Il manipulait en réalité le thème de l'unification du pays pour asseoir son pouvoir en laissant croire aux Centrafricains qu'il n'existait que deux choix politiques possibles : l'instauration d'un pouvoir autoritaire permettant de conserver l'unité du pays ou l'établissement d'un multipartisme aboutissant à des rivalités intercommunautaires.

§ 2. La possibilité d'une reconnaissance d'un droit des peuples non-étatiques au respect d'une égale dignité

Nous le savons, dans le préambule de la Charte africaine, les États réaffirment leur volonté « d'éliminer sous toutes ses formes le colonialisme de l'Afrique »[233]. Cette référence historique ne peut être ignorée au moment d'interpréter les dispositions du texte. Les droits des peuples qu'énonce la Charte trouvent l'une de leurs sources dans le passé colonial du continent. Mais il convient de ne pas se limiter à ce seul axe interprétatif. Conscients de la nécessité d'une unification des peuples au sein des États, mais aussi du mésusage qui peut en être fait, les rédacteurs de la Charte ont aussi fait attention à prendre en considération la réalité sociologique de l'Afrique, et en particulier la diversité de ses peuples non-étatiques.

---

232 P. KALK, *Historical Dictionary of the Central African Republic*, Lanham, Scarecrow Press, 2005, p. 196.

233 Préambule, 3e considérant.

Dans son rapport de 2003 relatif aux droits des populations autochtones, la Commission africaine a affirmé que « l'Afrique a passé le temps de la lutte contre la colonisation. La Charte africaine doit donc être comprise et interprétée à la lumière des réalités du moment, dont la grande caractéristique est ce besoin pressant de promotion et de protection des droits humains des groupes et des peuples vulnérables au sein des États »[234]. Dans le prolongement de la Charte culturelle de l'Afrique du 5 juillet 1976, un des objectifs de la Charte africaine est donc de « préserver la diversité culturelle africaine, expression d'une même identité [et] facteur d'équilibre et de développement au service de l'intégration nationale »[235]. Nous l'avons vu, ces dispositions relatives aux peuples présentent l'avantage d'être rédigées en des termes suffisamment larges pour que leur champ d'application puisse s'étendre à des situations autres que la colonisation, en permettant ainsi d'assurer la protection des collectivités non-étatiques. La notion de « peuple » utilisée dans la Charte doit être entendue, non dans le sens étroit qui lui est attribué en droit international public, mais suivant une acception plus large, désignant certains groupes humains non-étatiques pour les distinguer d'autres groupes au sein d'un même État[236]. Cette interprétation est corroborée par la Commission africaine dans le rapport précité, ainsi que dans sa jurisprudence et celle de la Cour. On peut donc dire que la

---

234 *Rapport du groupe de travail d'experts de la Commission africaine des droits de l'homme et des peuples sur les populations/ communautés autochtones*, *op. cit.*, p. 4.

235 Charte culturelle de l'Afrique, 9e considérant du préambule. Voir aussi les articles 3 (« Les États africains reconnaissent la nécessité de tenir compte des spécificités nationales, la diversité culturelle étant facteur d'équilibre à l'intérieur de la nation et source d'enrichissement mutuel des différentes communautés ») et 4 (« Les États africains reconnaissent que la diversité culturelle est l'expression d'une même identité, une faveur d'unité et une arme efficace pour la libération véritable, la responsabilité effective et la souveraineté totale du peuple »).

236 M. MUBIALA, *Le système régional africain de protection des droits de l'homme*, Bruxelles, Bruylant, 2005, p. 36.

Charte de 1981 laisse la possibilité de dépasser la tension entre dignité des peuples non-étatiques et dignité du peuple étatique. En ce sens, dans l'affaire *Legal Resources Foundation c. Zambie*, la Commission a affirmé que pour qu'une communauté non-étatique puisse prétendre à la protection accordée au « peuple » par la Charte, elle devait constituer « un groupe identifiable d'individus du fait de leur descendance commune, de leur origine ethnique, de leur langue ou de leurs habitudes culturelles »[237]. Dans une affaire impliquant le Soudan, la Commission a expliqué que « [d]ans les États à composition raciale mixte, la race devient un déterminant des groupes de peuples tout comme l'identité ethnique »[238]. Si les droits des peuples sont les droits du peuple étatique, ils protègent aussi les collectivités non-étatiques, et ce quels que soient les traits socioculturels qui les singularisent.

§ 3. La Commission africaine : une volonté de protection du droit des peuples non-étatiques au respect de la dignité

Bien que la Charte accorde un certain nombre de droits aux collectivités non-étatiques, la Commission s'est d'abord appuyée sur la constatation de violations des droits individuels pour en assurer la protection. Ainsi, dans une série de communications dirigées contre la Mauritanie[239], les faits de l'espèce montraient que pour l'ensemble des mesures dénoncées par les plaignants, le Gouvernement mauritanien

---

[237] Commission africaine, *Legal Resources Foundation c. Zambie*, communication du 7 mai 2001, § 73.

[238] Commission africaine, *Sudan Human Rights Organisation & Centre on Housing Rights and Evictions c. Soudan*, communication du 27 mai 2009, § 220.

[239] Communication 54/91, *Malawi African Association c. Mauritanie* ; Communication 61/91, *Amnesty International c. Mauritanie* ; Communication 98/93, *Mme Sarr Diop, Union Interafricaine des Droits de l'Homme et RADDHO c. Mauritanie* ; *Communications 164/97 à 196/97, Collectif des Veuves et Ayants-droits c. Mauritanie* ; Communication 210/98, *Association Mauritanienne des Droits de l'Homme c. Mauritanie.*

visait spécifiquement les communautés négro-mauritaniennes en violant ce faisant, entre autres, l'article 19 de la Charte. À la suite du coup d'État qui conduisit le colonel M. O. S. Taya au pouvoir en 1984, les négro-mauritaniens furent en effet victimes d'un certain nombre de discriminations. En réaction, un « Manifeste des négro-mauritaniens opprimés », dénonçant la discrimination raciale subie par cette minorité et demandant l'ouverture d'un dialogue avec le gouvernement, fut édité et distribué. En octobre 1987, le ministre de l'Intérieur annonça la découverte d'un complot contre le gouvernement. Des arrestations arbitraires eurent lieu et l'autorité judiciaire condamna et emprisonna une vingtaine de personnes qui appartenaient toutes à la communauté noire du Sud du pays dans des conditions carcérales déplorables – détention préventive pour une période plus longue que celle prévue par la loi mauritanienne, refus d'accéder à des avocats avant le début des procès, sous-nutrition, absence de lits, cellules surpeuplées et insalubres, travail forcé, absence de soins médicaux, interdiction des visites, etc. –. Entre 1989 et 1990, les villageois noirs du Sud subirent en outre des persécutions quotidiennes qui s'accompagnèrent de confiscations de terres, de pillages, de destructions de propriétés, de massacres, d'exécutions sommaires, de tortures et de viols. Par ailleurs, le gouvernement expulsa vers le Sénégal et le Mali près de cinquante mille personnes qui appartenaient à la communauté négro-mauritanienne, alors même qu'elles disposaient initialement de papiers d'identité mauritaniens. Au vu des faits énoncés, on aurait pu penser que la Commission allait recourir à l'article 19 de la Charte pour protéger le groupe infra-étatique négro-mauritanien et le respect de la dignité de celui-ci étant donné que les droits qui en découlent avaient été bafoués. Les plaignants avaient d'ailleurs invoqué la violation de l'article 19, ainsi que de nombreuses autres dispositions de la Charte qui protégeaient, quant à elles, des droits individuels. Pourtant, la Commission s'est bornée à constater la violation d'une série d'articles garantissant des droits individuels[240] et a considéré qu'elle ne disposait pas d'éléments de fait suffisants pour constater avec certitude une violation de l'article 19[241]. Pour protéger la dignité des négro-mauritaniens, la Commission a jugé plus approprié de s'appuyer sur les droits individuels garantis par la Charte que sur des dispositions garantissant spécifiquement des droits collectifs aux peuples.

Néanmoins, dès 2001, lors de sa 30e session ordinaire, la Commission a changé de paradigme[242]. Dans la communication relative à l'affaire *Social and Economic Rights Action Center and Center for Economic and Social Rights c. Nigeria*, celle-ci a en effet considéré que « malgré l'obligation dans laquelle [le gouvernement nigérian] se trouvait de protéger les personnes contre les entraves à la jouissance de leurs droits, le gouvernement du Nigéria a facilité la destruction du pays Ogoni. Contrairement aux obligations de la Charte africaine et en dépit de tels principes internationalement reconnus, le gouvernement nigérian a donné le feu vert aux acteurs privés et aux compagnies pétrolières en particulier, pour affecter de manière considérable le bien-être des Ogonis. Si l'on utilise n'importe quelle mesure de normes, sa pratique n'atteint pas la conduite minimum que l'on attend des gouvernements et est, par conséquent, en violation des dispositions énoncées

240 La Commission a constaté la violation des articles 2 ; 4 ; 5 ; 6 ; 7, §1 ; 9, §2 ; 10, §1 ; 11 ; 12, §1 ; 14 ; 18, § 1 et 26.

241 « La Commission se doit cependant d'admettre que les informations mises à sa disposition ne lui permettent pas d'établir avec certitude la violation de l'article 19 de la Charte dans les formes ici alléguées. Elle a toutefois identifié et condamné l'existence de pratiques discriminatoires à l'encontre de certaines couches de la population mauritanienne » (Commission africaine, *Malawi Africa Association, Amnesty International, Ms Sarr Diop, Union interafricaine des droits de l'Homme and RADDHO, Collectif des veuves et ayants-Droit, Association mauritanienne des droits de l'Homme c. Mauritanie*, communication du 11 mai 2000, § 142).

242 Nous faisons l'hypothèse que cela est en partie dû à un renouvellement important des commissaires.

dans l'article 21 de la Charte africaine »[243]. Huit ans plus tard, dans sa communication du 27 mai 2009 relative à l'affaire *Sudan Human Rights Organisation & Centre on Housing Rights and Evictions c. Soudan*, la Commission a constaté, outre la violation de plusieurs articles protégeant des droits individuels[244], la violation de l'article 22 énonçant que « tous les peuples ont droit à leur développement économique, social et culturel, dans le respect strict de leur liberté et de leur identité, et à la jouissance égale du patrimoine commun de l'humanité. Les États ont le devoir, séparément ou en coopération, d'assurer l'exercice du droit au développement ». La communication portait sur les exactions commises au Darfour par la milice arabe Janjaweed, dont les membres étaient considérés comme des agents du gouvernement soudanais – État dans lequel la population est majoritairement arabe –, à l'encontre du « peuple d'origine africaine noire »[245]. La Commission estima qu'il s'agissait d'« "un peuple" tel que décrit à l'article 19 [et qui, à ce titre] ne mérite pas d'être dominé par un peuple d'une autre race dans le même État »[246]. Elle constata donc ici une violation du droit au développement protégé à l'article 22 de la Charte, dans la mesure où les attaques et les déplacements forcés subis par le peuple du Darfour lui ont « dénié la possibilité de s'engager dans des activités économiques, sociales et culturelles »[247]. Lors de la même 45e session ordinaire, dans l'affaire *Kevin Mgwanga Gunme et al. c. Cameroun*, nous l'avons vu, la Commission a aussi reconnu que certaines actions du gouvernement camerounais avaient

---

243 Commission africaine, *Social and Economic Rights Action Center and Center for Economic and Social Rights c. Nigeria*, communication du 27 octobre 2001, § 58.

244 Ont été constatées des violations des articles 4 ; 5 ; 6 ; 7, §1 et §2 ; 12, §1 et §2 ; 14 ; 16 et 18, §1.

245 Commission africaine, *Sudan Human Rights Organisation & Centre on Housing Rights and Evictions c. Soudan*, communication du 27 mai 2009, § 219.

246 *Ibidem*, § 223.

247 *Ibid.*, § 224.

eu des effets négatifs sur la vie économique de la communauté anglophone du Cameroun, ce qui constitue une violation de l'article 19 de la Charte[248]. À la suite de ces communications[249], la Cour africaine a, quant à elle, estimé dans sa décision du 26 mai 2017[250] que l'État kenyan avait notamment violé[251] le droit à la libre disposition des richesses et ressources naturelles (article 21) et le droit au développement (article 22) du peuple Ogiek.

Au vu de l'ensemble de ces jurisprudences, il semble que la tension initiale entre le peuple étatique constitutif de l'État-nation et les peuples non-étatiques ait été dépassée. La reconnaissance de droits collectifs à la diversité communautaire permettant d'assurer le respect de la dignité humaine ne semble pas avoir fragmenté la souveraineté des États. Unité de l'État et droits des communautés non-étatiques ne sont donc pas incompatibles et ne forment pas deux hypothèses vouées, chacune, à éradiquer l'autre. Au contraire, le respect de la dignité des collectivités non-étatiques au sein de la collectivité étatique permet d'éviter d'éventuels phénomènes de domination de certains groupes à l'intérieur des États pluricommunautaires.

---

248 Commission africaine, *Kevin Mgwanga Gunme et al. c. Cameroun*, communication du 27 mai 2009, § 162.

249 Voir aussi la communication du 25 novembre 2009 relative à l'affaire *Centre for Minority Rights Development and Minority Rights Group c. Kenya* dans laquelle la Commission ne reconnaît pas que l'État défendeur a violé les articles 1, 8, 14, 17, 21 et 22 de la Charte africaine.

250 CADHP, *Commission africaine des droits de l'homme et des peuples c. République du Kenya*, arrêt du 26 mai 2017.

251 Outre les articles 1 ; 2 ; 4 ; 8 ; 14 et 17, §2 et §3.

Conclusion

Incontestablement, la Charte africaine des droits de l'homme et des peuples a consacré la notion de respect de la dignité humaine, et ce malgré l'indétermination indépassable de cette dernière. Polysémique, le verbe « incorporer » désigne aussi bien l'introduction d'une unité dans une pluralité, que l'action de donner corps à ce qui était auparavant esprit, de rendre sensible ce qui était intellectuel. Si l'introduction de la notion de respect de la dignité humaine dans la pluralité notionnelle constitutive de la Charte africaine est indéniable – il suffit d'une lecture rapide du texte pour y relever quatre occurrences de la notion –, c'est surtout le second sens du verbe « incorporer » qui informe avec justesse du devenir juridique de la notion dans cet instrument de protection des droits humains.

En inscrivant, à l'instar de sept précédents normatifs[252], la notion de respect de la dignité humaine dans son préambule (2e et 8e considérants), le texte de 1981 a fait de celle-ci un principe axiologique du droit africain des droits humains, c'est-à-dire un postulat éthique qui, bien que dénué de force obligatoire, est susceptible de servir de fondement à des règles de droit et d'inspirer un ordre juridique dans son ensemble. Ce « mode d'être » préambulaire correspond à la première forme de l'incorporation de la notion de respect de la dignité dans la Charte africaine. Cette modalité particulière du devenir juridique du respect de la dignité, dénuée de contenu prescriptif lui permettant d'agir en tant que fondement d'action et de responsabilité, n'est pas propre au système

252 Pour rappel : la ChNU, la DUDH, la Déclaration américaine des droits et des devoirs de l'homme, les deux Pactes de 1966, la Convention américaine relative aux droits de l'homme, la Convention internationale sur toutes les formes de discrimination raciale et la Convention internationale sur toutes les formes de discrimination à l'égard des femmes.

africain de protection des droits humains. Elle est l'héritière du moment[253] post-Seconde Guerre mondiale durant lequel la notion de respect de la dignité humaine a émergé en droit international, en particulier en droit international des droits humains. La Charte de Banjul a, cependant, su se réapproprier cette notion philosophique pour l'adapter aux réalités culturelles et sociologiques du continent – le préambule vise la dignité des peuples et non celle de l'individu – et à sa propre histoire – le respect de la dignité des peuples passe par l'élimination du colonialisme, du néocolonialisme et de toutes formes de discrimination fondées sur la race ou la couleur de peau.

La seconde forme de l'incorporation de la notion dans le texte de 1981 correspond à celle que l'on retrouve dans le dispositif. C'est ce « mode d'être » qui constitue l'incorporation la plus aboutie du respect de la dignité humaine dans la Charte africaine, et fait de cette dernière un instrument de protection des droits humains proprement original. En reconnaissant un droit au respect de la dignité inhérente à la personne humaine (article 5) véritablement prescriptif, la Charte a juridiquement donné corps à une notion qui, bien qu'intégrée dans des instruments de droit, relevait encore de la philosophie éthique. Le respect de la dignité a dépassé son « mode d'être » préambulaire qui le cantonnait à un statut de postulat éthique fondateur, pour devenir un droit subjectif directement invocable devant les tribunaux. Cette matérialisation juridique – ici entendue comme l'action de donner à quelque chose un caractère juridique qu'il n'a pas à l'origine – de la notion de respect de la dignité humaine est porteuse d'un élargissement de la protection des droits de la personne humaine ; les jurisprudences de la Commission et, dans une moindre mesure, de la Cour, montrent que l'absence de dé-

---

253 Le vocable « moment » doit ici se comprendre comme un espace de temps considéré en fonction de son contenu, pendant lequel se produit un mouvement. Voir F. WORMS, *Le moment du soin. A quoi tenons-nous ?*, Paris, PUF, 2010, 250 p.

finition stabilisée de cette notion permet au plaignant d'invoquer le droit qui en procède – et d'en faire reconnaître la violation – pour des situations qui échappent aux droits plus spécifiques couramment protégés par ce type d'instruments.

Mais l'incorporation de cette notion ne s'est pas arrêtée à la reconnaissance de ce droit. Pour des motifs à la fois politiques, sociologiques et culturels, les rédacteurs de la Charte ont souhaité le dédoubler en faisant de l'individu, mais aussi du peuple, ses titulaires (article 19). Si la collectivisation de ce droit au respect de la dignité humaine, conjuguée à l'absence de définition du terme « peuple » dans le texte de 1981, a assurément renforcé la protection de certaines communautés non-étatiques minoritaires au sein des États africains marqués par une pluralité ethnique, elle a aussi provoqué certaines tensions. Tensions dans l'articulation entre le respect de la dignité de l'individu et le respect de la dignité du peuple, et, à l'intérieur de cette catégorie, entre les différentes formes de peuples. Ce dernier « mode d'être », cette ultime matérialisation juridique du respect de la dignité qui singularise le texte de Banjul au regard des autres instruments ayant la même finalité, clôt l'incorporation de la notion de respect de la dignité humaine dans la Charte africaine des droits de l'homme et des peuples.

Si cette étude permet d'affirmer que la notion philosophique et éthique de respect de la dignité humaine a pénétré le texte fondateur du droit africain des droits humains et s'y est exprimée à la fois comme un principe axiologique et comme un droit dual invocable devant les juridictions, elle ne clôt pas pour autant les discussions que soulèvent le devenir juridique de cette notion.

En effet, même si ce n'était pas son objectif, notre analyse a permis de relever que l'incorporation du respect de la dignité dans un texte normatif n'a pas pour conséquence logique le dépassement de son indétermination. Si le caractère axiologique du contenu de la notion ne fait pas débat – il renvoie nécessairement à une valeur –, la détermination de ce contenu axiologique demeure source d'interprétations et d'usages divers, parfois mêmes antagoniques. Bien que ces usages ne constituent ni le sujet de notre recherche ni le corps de notre développement, il n'est pas inintéressant, en guise d'ouverture, de les évoquer. Au regard du – somme toute – faible nombre de cas et de la diversité des terrains sur lesquels ils se situent, c'est sans doute au terme « de considérations plus impressionnistes et provisoires que systématiques et définitives »[254] qu'il est possible de dégager un usage dominant de la notion de respect de dignité par les juridictions chargées d'assurer la protection des droits des individus et des peuples en Afrique.

Au vu des jurisprudences étudiées évoquant le principe axiologique ou les droits individuel et collectif au respect de la dignité, il semble possible de dire qu'un usage libéral de la notion prédomine. Celui-ci opère une réduction du respect de la dignité au respect de la liberté ; il promeut une éthique minimale qui se traduit par l'imposition d'obligations négatives aux sujets du droit africain des droits humains[255]. Le respect de la dignité est souvent convoqué – que ce soit par le plaignant ou par le juge – pour ordonner une absence d'action(s), celle-ci permettant aux individus de vivre librement comme ils l'entendent, sans être entravés par quiconque – à condition que ce mode de vie ne suppose pas l'agression d'autrui, seule limite à la liberté dans le schème

---

254 V. CHAMPEIL-DESPLATS, S. SLAMA, « Qu'elle protège ou qu'elle punisse, la dignité n'est pas la même pour tous », *La Revue des droits de l'homme* [En ligne], Actualités Droits-Libertés, mis en ligne le 30 mai 2014, consulté le 2 juin 2018, p. 8. URL : http://journals.openedition.org/revdh/828.

255 Pour une étude plus approfondie de cette éthique minimale libérale, voir R. OGIEN, *L'Éthique aujourd'hui. Maximalistes et minimalistes*, Paris, Gallimard, 2007, 256 p.

libéral. Cet usage de la notion de dignité peut donc être qualifié de libéral en ce qu'il ne vise qu'à protéger la liberté du groupe ou de l'individu menacé.

Bien qu'il ne se retrouve pas dans la jurisprudence étudiée, il convient de présenter un second usage, source de nombreux débats dans la doctrine, que l'on pourrait qualifier de conservateur. Ce dernier terme n'a pas valeur de jugement mais désigne une attitude jurisprudentielle qui fait de la dignité intrinsèque et inaliénable de la personne humaine la source d'obligations pouvant limiter la liberté individuelle. Cette conception repose cette fois-ci sur une éthique qui conditionne la liberté au respect de la dignité : la dignité dont chaque individu est détenteur indépendamment de sa volonté – il n'a pas choisi d'être digne mais l'est du fait de son appartenance à l'espèce humaine – peut parfois nécessiter une limitation de sa volonté et l'interdiction de certains de ses actes dont l'accomplissement représenterait une négation de sa dignité. La restriction de la liberté de l'individu est parfois nécessaire pour le protéger des conséquences de ses propres actes qui ne respecteraient pas sa dignité. Le danger qui résulte de cet usage est évident puisqu'il entend justifier des limitations à la liberté individuelle en se fondant sur une notion au contenu indéterminé susceptible de varier en fonction des idéologies qui s'en saisissent. Si aujourd'hui la notion de respect de la dignité humaine renvoie spontanément au champ lexical du droit international des droits humains, il n'est pas vain de se souvenir que le projet de Constitution préparé par le Conseil national du Gouvernement de Vichy en 1941 intégrait lui aussi le principe de respect de la dignité de la personne humaine. De manière plus contemporaine, il convient de remarquer que certains pays du continent africain criminalisent encore aujourd'hui l'homosexualité en se fondant sur le respect de la dignité humaine[256]. Ainsi, si le respect de la dignité peut s'imposer comme « une prérogative ou un rempart de l'individu face à toute immixtion »[257] des tiers – et tout particulièrement de l'autorité publique –, il peut aussi servir de justification à des actions visant à limiter certaines libertés et droits fondamentaux.

Face à ces deux premiers usages qui, malgré leur antagonisme évident, ont en commun de faire du respect de la dignité humaine une source d'obligations négatives, s'est constitué un troisième usage de la notion. Pour ce dernier, le respect de la dignité de l'individu exige certes la protection de sa liberté, mais peut aussi commander, en fonction des conditions matérielles dans lesquelles évolue l'individu, des actions positives de la société, de l'État ou de tiers. Si, suivant l'usage libéral, le respect de la dignité passe nécessairement par la protection de la liberté, il ne la limite pas ici à l'imposition d'obligations négatives aux tiers, nécessaires pour permettre une vie sans entrave. Il nécessite aussi des conditions de vie décentes qui appellent d'autres garanties que celle de ne pas être entravé. Selon cet usage, le respect de la dignité de la personne humaine commande de donner à chaque individu, outre une protection de sa liberté, les moyens de jouir de celle-ci. Ainsi, cet usage repose sur une détermination de la dignité beaucoup plus extensive que celle du schème libéral. Outre la liberté, il inclut dans le respect de la dignité humaine la vulnérabilité de l'individu ; ce n'est pas l'absence de liberté qui prive l'individu de sa dignité mais plutôt l'absence de réalisation de cette liberté, due à une situation de vulnérabilité. Respecter la dignité de la personne humaine, c'est aussi proté-

---

256 Voir en ce sens C. GUEBOGUO, « L'homosexualité en Afrique : sens et variations d'hier à nos jours », *Socio-logos* [En ligne], 1 | 2006, mis en ligne le 9 octobre 2008, consulté le 5 juin 2018. URL : http://journals.openedition.org/socio-logos/37.

257 D. ROMAN, « "A corps défendant" : la protection de l'individu contre lui-même », *Recueil Dalloz*, Paris, Dalloz, 2007, p. 1284.

ger cette dernière contre son intrinsèque vulnérabilité. Bien que de nombreuses affaires aient pu motiver un tel usage de la notion de respect de la dignité, aucune décision de la Commission africaine des droits de l'homme et des peuples ne semble encore le refléter[258].

Même si dans certains cas le raisonnement juridique peut fonctionner comme un langage formalisé qui explore déductivement des systèmes axiomatiques selon des règles de formation et de démonstration, et indépendamment de tout système de valeur, l'incorporation et la diffusion d'une notion éthico-philosophique au contenu indéterminé – donc nécessairement variable – dans le droit africain des droits humains, et plus généralement dans le droit international des droits humains, semble rappeler que la science juridique n'est pas toujours axiologiquement neutre, même si elle doit y prétendre. Le choix de la détermination du contenu de la notion de respect de la dignité et des usages qui en résultent, relève d'une adhésion à une conception de l'individu et de la société susceptible de varier en fonction des idéologies qui s'en saisissent. Le constat de cet ancrage dans la sphère des valeurs ne voue pas pour autant le droit aux gémonies et ne relègue pas l'épistémologie juridique au rang des sciences obscures. Il appelle simplement à garder toujours à l'esprit que « le droit, comme ordonnancement des actions humaines, l'éthique, comme réflexion sur le sens des actions [...] entretiennent forcément et pour toujours des liens étroits, surtout lorsque sont en jeu les droits les plus fondamentaux. Leur influence est réciproque et circulaire »[259].

---

258 Par exemple, dans des communications telles que *Garreth Anver Prince c. Afrique du Sud* (7 décembre 2004) ou *Ilesanmi c. Nigéria* (11 mai 2005), la Commission n'a pas considéré qu'une violation de l'article 15 – qui protège le droit au travail – ayant conduit les plaignants dans une situation d'extrême vulnérabilité constituait une négation du principe axiologique ou du droit au respect de la dignité humaine.

259 J. FIERENS, « La dignité humaine comme concept juridique », *in* J. FERRAND, H. PETIT, *op. cit.*, p. 182.

Index

A

B

C

D

E

F

G

H

M

N

O

P

R

S

T

U

V

Bibliographie

Ouvrages

AGAMBEN (G.), *De la très haute pauvreté : règles et formes de vie,* Paris, Payot, 2011.

AIT-AHMED (H.), *L'afro-fascisme. Les droits de l'homme de la charte et la pratique de l'OUA,* Paris, L'Harmattan, 1980.

ALTHUSSER (L.), *Pour Marx,* Paris, La Découverte, 1996.

ARENDT (H.), *Les Origines du totalitarisme,* Paris, Gallimard, 2002.

BAYART (J.-F.), *L'État en Afrique. La Politique du ventre,* Paris, Fayard, 1989.

BESSON (S.), ZIEGLER (A.) (dir.), *Égalité et non-discrimination en droit international et européen,* Zurich, Schulthess, 2014.

BLOCH (E.), *Droit naturel et dignité humaine,* Payot, 2002.

BODIN (J.), *Les Six Livres de la République, Livre premier,* Paris, Classique Garnier, 2013.

BROWN (W.), *Politiques du stigmate : pouvoir et liberté dans la modernité avancée,* Paris, PUF, 2016.

BURGORGUE-LARSEN (L.) (dir.), *La dignité saisie par les juges en Europe,* Bruylant, Bruxelles, 2010.

BUTLER (J.), *Ce qui fait une vie. Essai sur la violence la guerre et le deuil,* Paris, Zones, 2010.

CHEMILLER-GENDREAU (M.), *Humanité et souverainetés. Essai sur la fonction du droit international,* Paris, La Découverte, 1995.

CICERON (M. T.), *De Officiis*, Paris, Les Belles Lettres, 1974.

CHIMNI (B. S.), *International Law and World Order. A Critique of Contemporary Approaches*, Cambridge, Cambridge University Press, 2017.

CORNU (G.), ASSOCIATION H. CAPITANT, *Vocabulaire juridique,* Paris, PUF, 2007.

CORTEN (O.), *L'utilisation du « raisonnable » par le juge international. Discours juridique, raison et contradictions,* Bruxelles, Bruylant, 1997.

CORTEN (O.), *Les discours du droit international. Pour un positivisme critique,* Paris, Pedone, 2009.

CREPON (M.), *Les géographies de l'esprit. Enquête sur la caractérisation des peuples de Leibniz à Hegel*, Paris, Payot, 1996.

DAILLER (P.), FORTEAU (M.), PELLET (A.), *Droit international public,* Paris, LGDJ, 2009.

DARDOT (P.), LAVAL (C.), *La nouvelle raison du monde,* Paris, La Découverte, 2009.

FEUILLET-LIGER (B.), ORFALI (K.) (dir.), *La dignité de la personne : quelles réalités ? Panorama international,* Bruxelles, Bruylant, 2016.

GIMENO CABRERA (V.), *Le traitement jurisprudentiel du principe de dignité de la personne humaine dans la jurisprudence du Conseil*

Constitutionnel français et du tribunal constitutionnel espagnol, Paris, LGDJ, 2004.

GIRARD (C.), HENNETTE-VAUCHEZ (S.) (dir.), *La Dignité de la personne humaine. Recherche sur un processus de juridicisation*, Paris, PUF, 2005.

GOLTZBERG (S.), *Les Sources du droit*, Paris, PUF, 2016.

HEGEL (G. W. F)., *Principes de la philosophie du droit*, Paris, PUF, 2013.

HOBBES (T.), *Du citoyen*, Paris, Flammarion, 2010.

HOBSBAWM (E. J.), *Nations and Nationalism since 1780, Programme, Myth, and Reality*, Cambridge, Cambridge University Press, 1990.

JANKELEVITCH (V.), *L'imprescriptible. Pardonner ? Dans l'horreur et la dignité*, Paris, Seuil, 1996.

JENSEN (S.), *The Making of International Human Rights: The 1960s, Decolonization and the Reconstruction of Global Values*, Cambridge, Cambridge University Press, 2016.

JONAS (H.), *Le Principe de responsabilité. Une éthique pour la civilisation technologique*, Paris, Flammarion, 2013.

KALK (P.), *Historical dictionary of the Central African Republic*, Lanham, Scarecrow Press, 2005.

KANT (E.), *Fondements de la métaphysique des mœurs*, Paris, Vrin, 1992,

KANT (E.), *Leçons d'éthique*, Paris, Le Livre de Poche, 1997.

KELSEN (H.), *Théorie pure du droit*, Paris, Dalloz, 1962.

KOLB (R.), *La bonne foi en droit international public. Contribution à l'étude des principes généraux de droit*, Paris, PUF, 2000.

KOSKENNIEMI (M.), *La politique du droit international,* Paris, Pedone, 2007.

KUNING (P.), BENEDEK (W.), MAHALU (C. R.), *Regional Protection of Human Right By International Law. The Emerging African System*, Baden-Baden, Nomos Verlagsgesellschaft, 1985.

LALANDE (A.), *Vocabulaire technique et critique de la philosophie,* Paris, Puf, 2010.

LEFORT (C.), *L'invention démocratique,* Paris, Fayard, 1981.

LOCHAK (D.), *Les droits de l'homme,* Paris, La Découverte, 2009.

MARKS (S.) (dir.), *International Law on the Left,* Cambridge, Cambridge University Press, 2008.

MARKS (S.), CLAPHMAN (A.), *International Human Rights Lexicon,* Oxford, Oxford University Press, 2005.

MARX (K.), *La Question juive*, Aubier, Paris, 1971.

MATRINGE (J.), *Tradition et modernité dans la Charte africaine des droits de l'homme et des peuples. Étude du contenu normatif de la Charte et de son apport à la théorie du droit international des droits de l'homme,* Bruxelles, Bruylant, 1996.

MAURER (B.), *Le principe de respect de la dignité humaine et la Convention européenne des droits de l'homme,* Paris, La Documentation française, 1999.

M'BAYE (K.), *Les droits de l'homme en Afrique,* Paris, Pedone, 2002.

MBEMBE (A.), *Sortir de la grande nuit. Essai sur l'Afrique décolonisée*, Paris, Éditions La Découverte, 2010.

MUBIALA (M.), *Le système régional africain de protection des droits de l'homme*, Bruxelles, Bruylant, 2005.

NERI (K.), HAQUIN SAENZ (L.), *Histoire des droits de l'homme de l'Antiquité à l'Epoque moderne,* Bruxelles, Bruylant, 2015.

NOLLEZ-GOLDBACH (R.), *Quel homme pour les droits ?,* Paris, CNRS Editions, 2015.

OGIEN (R.), *L'Éthique aujourd'hui. Maximalistes et minimalistes*, Paris, Gallimard, 2007.

OST (F.), VAN KERCHOVE (M.), *Entre la lettre et l'esprit. Les directives d'interprétation en droit*, Bruxelles, Bruylant, 1989.

OUGUERGOUZ (F.), *La Charte africaine des droits de l'homme et des peuples. Une approche juridique des droits de l'homme entre tradition et modernité,* Paris, PUF, 1993.

PASCAL (B.), *Pensées*, Paris, Mercure de France, 1976.

PIC DE LA MIRANDOLE (J.), *De la dignité humaine,* Paris, Editions de l'Eclat, 2016.

ROSEN (M.), *Dignity Its History and Meaning,* Cambridge, Harvard University Press, 2012.

SALMON (J.) (dir.), *Dictionnaire de droit international public,* Bruxelles, Bruylant/AUF, 2011.

SEN (A.), *Development as Freedom*, Oxford, Oxford University Press, 1999.

SUDRE (F.), *Droit international et européen des droits de l'homme,* Paris, PUF, 2001.

TIGROUDJA (H.), HENNEBEL (L.), *Traité de droit international des droits de l'homme,* Paris, Pedone, 2016.

VILJOEN (F.), *International Human Rights Law in Africa,* Oxford, Oxford University Press, 2012.

WORMS (F.), *Le moment du soin. À quoi tenons-nous ?,* Paris, PUF, 2010.

Chapitres d'ouvrages

AHADZI-NONOU (K.), « Réflexions sur un tabou du constitutionnalisme négro-africain : le tribalisme », *in Les voyages du droit. Mélanges en l'honneur du Professeur Dominique Breillat*, Paris, LGDJ - Université de Poitiers, 2011.

COHEN-JONATHAN (G.), « Préface », *in Les droits de l'homme : droits collectifs ou droits individuels. Actes du colloque de Strasbourg*, Paris, LGDJ, 1980.

CONSTANT (B.), « Principes de politique applicables à tous les gouvernements représentatifs et particulièrement la Constitution actuelle de la France » *in* CONSTANT (B.), *Écrits politiques*, Paris, Gallimard, 1997.

DUCHASTEL (J.), « Préface », *in* DAVAKAN (B.-A.), *Repenser les nations africaines. Identité, citoyenneté et démocratisation en Afrique subsaharienne*, Paris, L'Harmattan, 2011.

FIERENS (J.), « La dignité humaine comme concept juridique », *in* FERRAND (J.), PETIT (H.) (dir.), *Fondations et naissances des Droits de l'homme*, Paris, L'Harmattan, 2004.

KAMTO (M.), « Préambule », *in* KAMTO (M.) (dir.), *La Charte africaine des droits de l'homme et des peuples et le protocole additionnel y relatif portant création de la Cour africaine des droits de l'homme. Commentaire article par article*, Bruxelles, Bruylant, 2011.

KOSKENNIEMI (M.), « General principles: Reflexions on Constructivist Thinking in International Law », *in* KOSKENNIEMI (M.), *Sources of International Law,* Burlington, Dartmouth Publishing Company Limited, 2000.

KYMLICKA (W.), « The New Debate over Minority Rights », *in* REQUEJO (F.) (dir.), *Democracy and National Puralism,* Londres, Routledge, 2001.

MARTENS (P.), « Encore la dignité humaine : réflexions d'un juge sur la promotion par les juges d'une norme suspecte », *in Les droits de l'homme au seuil du 3e millénaire. Mélanges en hommage à Pierre Lambert*, Bruxelles, Bruylant, 2000.

OGIEN (R.), « Dignité humaine : une notion qui apporte plus de confusion que de clarté », *in* FEUILLET-LIGER (B.), ORFALI (K.) (dir.), *La dignité de la personne : quelles réalités ? Panorama international*, Bruxelles, Bruylant, 2016.

PERELMAN (C.), « La sauvegarde et le fondement des droits de l'homme », *in* PERELMAN (C.) (dir.), *Le raisonnable et le déraisonnable en droit, au-delà du positivisme juridique,* Paris, LGDJ, 1984.

POUGOUE (P.-G.), « Lecture de la Charte africaine des droits de l'homme et des peuples », *in* POUGOUE (P.-G.) et MAUGENEST (D.) (dir.), *Droits de l'homme en Afrique centrale,* Paris, Karthala, 1996.

RICOEUR (P.), « Éthique et philosophie de la biologie chez Hans Jonas », *in* RICOEUR (P.), *Lectures 2. La contrée des philosophes,* Paris Seuil, 1999.

RINGELHEIM (J.), « Droits individuels et droits collectifs : avenir d'une équivoque », *in* BRIBOSIA (E.) et HENNEBEL (L.) (dir.), *Classer les droits de l'homme,* Bruxelles, Bruylant, 2004.

RIVERO (J.), « Rapport introductif général », *Les droits de l'homme : droits collectifs ou droits individuels. Actes du colloque de Strasbourg,* Paris, LGDJ., 1980.

RIVERO (J.), « Intérêts vitaux de la nation et fins humaines du pouvoir », *in Xe Journées d'études juridiques Jean Dabin. Licéité en droit positif et références légales aux valeurs. Contribution à l'étude du règlement juridique des conflits de valeurs en droit pénal, public et international,* Bruxelles, Bruylant, 1982.

SALMON (J.), « Les notions à contenu variable en droit public », *in* PERELMAN (C.) (dir.), *Le raisonnable et le déraisonnable en droit, au-delà du positivisme juridique,* Paris, LGDJ, 1984.

SUDRE (F.), « Préface », *in* MAURER (B.), *Le principe de respect de la dignité humaine et la Convention européenne des droits de l'homme,* Paris, La Documentation française, 1999.

TOTH (J.), « Les droits de l'homme et la théorie du droit », *in René Cassin amicorum discipulorumque liber. Méthodologie des droits de l'homme*, t. IV, Paris, Pedone, 1972.

VAN DIJKE (V.), « The Individual, the State, and Ethnic Communities in Political Theory », *in* KYMLICA (W.), *The Rights of Minority Cultures,* Oxford, Oxford University Press, 1995.

VIRALLY (M.), « Le rôle de "principes" dans le développement du droit international », *in* VIRALLY (M.), *Le droit international en devenir. Essais écrits au fil des ans*, Paris, PUF, 1990.

YUSUF (A. A.), « The Progressive Development of Peoples' Rights in the African Charter and in the Case Law of the African Commission on Human and Peoples' Rights" », *in* LENZERINI (F.) et FILIPA (A.) (dir.), *International Law for Common Good, Normative perspectives on Human Rights, Culture and Nature*, Oxford, Hart Publishing, 2014.

Articles

ADJAMAGBO (K.), « Pluralisme juridique et pratiques successorales loméennes », *Politique africaine,* Paris, Karthala, 1990, n° 40, pp. 9-24.

AMSELEK (P.), « Brèves réflexions sur la notion de "sources du droit" », *Archives de Philosophie du Droit,* Paris, Dalloz, 1982, t. 27, pp. 251-258.

AMSELLE (J.-L.), « De la déconstruction de l'ethnie au branchement des cultures : un itinéraire intellectuel », *Actes de la recherche en sciences sociales*, Paris, Seuil, vol. 185, n° 5, 2010, pp. 96-113.

AMSELLE (J.-L.), « L'Afrique a-t-elle "inventé" les droits de l'homme ? », *in Syllabus Review,* Yaoundé, Presses de l'Université de Yaoundé I, vol. 2, n° 3, 2011, pp. 446-463.

ANDORNO (R.), « Dignité humaine, droits de l'homme et bioéthique : quel rapport ? », *Journal International de Bioéthique,* Paris, Editions Eska, 2010, vol. 21, pp. 51-59.

BERNS (T.), « Souveraineté, droit et gouvernementalité », *Archives de Philosophie du Droit,* Paris, Dalloz, n° 46, 2002, pp. 351-364.

BOUQUET (C.), « L'artificialité des frontières en Afrique sub-saharienne – Turbulences et fermentation sur les marges », *Les cahiers d'outre-mer,* Bordeaux, Presses Universitaires de Bordeaux, 2003, n° 222, pp. 181-198.

BOURCIER (D.), « Argumentation et Définition en droit », *Langages*, Paris, Armand Colin, n° 42, 1976, pp. 115-124.

BURGORGUE-LARSEN (L.), NTWARI (G.-F.), « Chronique de jurisprudence de la Cour africaine des droits de l'homme et des peuples (2015-2016) », *Revue trimestrielle des droits de l'homme*, Bruxelles, Anthemis, 2018, n° 113, pp. 128-178.

CAMBUC (C.), LE COZ (P.), « La dignité humaine kantienne : une justification théorique des transplantations d'organes ? », *Raison publique*, Paris, Editions Raison publique, vol. 17, n° 2, 2012, pp. 219-238.

CHAMPEIL-DESPLATS (V.), SLAMA (S.), « Qu'elle protège ou qu'elle punisse, la dignité n'est pas la même pour tous », *La Revue des droits de l'homme* [En ligne], Actualités Droits-Libertés, mis en ligne le 30 mai 2014, consulté le 2 juin 2018, p. 8. URL : http://journals.openedition.org/revdh/828.

CHAUMONT (C.), « Le droit des peuples à témoigner d'eux-mêmes », *Annuaire du Tiers-Monde*, Paris, Editions Berser-Levrault, 1976, n° 3, pp. 15-31.

CORTEN (O.), « Le "droit en contexte" est-il incompatible avec le formalisme juridique ? », *Revue interdisciplinaire d'études juridiques*, Bruxelles, Editions de l'Université de Saint Louis, 2013, vol. 70, n° 1, pp. 70-76.

EMMER (P. C.), « L'Afrique et l'impact de la traite atlantique », *Revue d'histoire moderne et contemporaine*, Paris, Belin, 2005, vol. 52-4 bis, n° 5, pp. 5-17.

FABRE-MAGNAN (M.), « La dignité en Droit : un axiome », *Revue interdisciplinaire d'études juridiques*, Bruxelles, Université de Saint Louis, 2007, vol. 58, n° 1, pp. 1-30.

FRYDMAN (B.), HENNEBEL (L.), « Le contentieux transnational des droits de l'homme : une analyse stratégique », *Revue trimestrielle des droits de l'homme*, Bruxelles, Anthemis, n° 77, 2009, pp. 73-127.

GREEN (L.), « Two Views of Collective Rights », *Canadian Journal of Law and Jurisprudence*, Cambridge, Cambridge University Press, 1991, vol. 4, pp. 320-324.

GUEBOGUO (C.), « L'homosexualité en Afrique : sens et variations d'hier à nos jours », *Socio-logos* [En ligne], 1 | 2006, mis en ligne le 9 octobre 2008, consulté le 5 juin 2018. URL : http://journals.openedition.org/socio-logos/37.

HAARSCHER (G.), « Les droits collectifs contre les droits de l'homme », *Revue trimestrielle des droits de l'homme*, Bruxelles, Anthemis, 1990, n° 3, pp. 233-234.

KERVEGAN (J.-F.), « Une défense du positivisme juridique », *Annuaire de l'Institut Michel Villey*, Paris, Dalloz, n° 2, 2010, pp. 247-261.

LUHMANN (N.), « De la fonction des "droits subjectifs" », *Trivium* [En ligne], n°3, 2009, pp. 360-373. Mis en ligne le 15 avril 2009, consulté le 12 mars 2018. URL : http://journals.openedition.org/trivium/3265.

MACCORMICK (N.), « Argumentation and interpretation in Law », *Ratio juris*, Hoboken, Wiley, 1993, vol. 6, pp. 16-29.

MAGNANT (J.-P.), « Le droit et la coutume dans l'Afrique contemporaine », *Droit et cultures,* Paris, L'Harmattan, 2004, n° 48, pp. 167-192.

MATALA-TALA (L.), « L'ineffectivité du droit positif en Afrique subsaharienne », *Civitas Europa*, Nancy, IRENEE, 2013, vol. 31, pp. 239-260.

MATHIEU (B.), « Force et faiblesse des droits fondamentaux comme instruments du droit de la bioéthique : le principe de dignité et les interventions sur le génome humain », *Revue du droit public*, Paris, Lextenso, n° 1, 1999, pp. 93-111.

MATHIEU (B.), « La dignité, principe fondateur du droit », *Journal International de Bioéthique,* Paris, ESKA, 2010, vol. 21, pp. 77-83.

MENKE (C.), « De la dignité de l'homme à la dignité humaine : le sujet des droits de l'homme », *in Trivium* [En ligne], n°3, 2009, pp. 3-21. Mis en ligne le 15 avril 2009, consulté le 30 mai 2018. URL : http://journals.openedition.org/trivium/3303.

MUBIALA (M.), « Les droits des peuples en Afrique », *in Revue trimestrielle des droits de l'homme*, Bruxelles, Anthemis, 2004, n° 60, pp. 985-1000.

NAREY (O.), « Les droits des minorités en Afrique : jeu et enjeux », *Afrilex. Revue d'étude et de recherche sur le droit et l'administration dans les pays d'Afrique,* Bordeaux, Université de Bordeaux, 2013, pp. 1-37.

RAMCHARAN (B. G.), « Individual, collective and group rights: History, theory, practice and contemporary evolution », *International Journal of Group Rights,* Leiden, Brill, 1993, vol. 1, pp. 27-43.

ROMAN (D.), « "A corps défendant" : la protection de l'individu contre lui-même », *Recueil Dalloz,* Paris, Dalloz, 2007, pp. 1284-1293.

Thèses de doctorat

MBALA MBALA (F.), *La notion philosophique de dignité à l'épreuve de sa consécration juridique*, Thèse de doctorat, Université de Lille, 2007.

PELLET (A.), *Recherches sur les principes généraux de droit international,* Paris, Thèse de doctorat, Université de Paris II, 1974.

Documents

<u>Traités</u>

Déclaration de Philadelphie, 17 mai 1944.

Charte des Nations Unies, 26 juin 1945.

Déclaration américaine des droits et des devoirs de l'homme, 11 avril 1948.

Déclaration universelle des droits de l'homme, 10 décembre 1948.

Convention européenne des droits de l'homme, 4 novembre 1950.

Charte de l'Organisation de l'Unité Africaine, 10 juin 1963.

Pacte international relatif aux droits civil et politiques, 16 décembre 1966.

Pacte international relatif aux droits économiques sociaux et culturels, 16 décembre 1966.

Convention de Vienne sur le droit des traités, 23 mai 1969.

Convention américaine relative aux droits de l'homme, 22 novembre 1969.

Convention internationale sur l'élimination de toutes les formes de discrimination raciale, 21 décembre 1969.

Déclaration universelle du droit des peuples, 4 juillet 1976.

Charte culturelle africaine, 5 juillet 1976.

Convention sur l'élimination de toutes les formes de discrimination à l'égard des femmes, 1er mars 1980.

Charte africaine des droits de l'homme et des peuples, 28 juin 1981.

Convention contre la torture et autres peines ou traitements cruels, inhumains ou dégradants, 10 décembre 1984.

Convention relative aux droits de l'enfant, 26 janvier 1990.

Charte africaine des droits et du bien-être de l'enfant, 11 juillet 1990.

Convention pour la protection des droits de l'homme et la dignité de l'être humain, 4 novembre 1997.

Protocole relatif à la Charte africaine des droits de l'homme et des peuples portant création d'une Cour africaine des droits de l'homme et des peuples, 10 juin 1998.

Acte constitutif de l'Union Africaine, 11 juillet 2000.

Protocole à la Charte africaine des droits de l'homme et des peuples relatif aux droits de la femme en Afrique, 11 juillet 2003.

Charte arabe de droits de l'homme, 23 mai 2004.

Charte africaine de la jeunesse, 2 juillet 2006.

Convention relative aux droits des personnes handicapées, 13 décembre 2006.

Convention de l'Union Africaine sur la protection et l'assistance aux déplacés internes en Afrique, 23 octobre 2009.

Constitutions

Constitution de Virginie, 29 juin 1776.

Constitution du Massachusetts, 15 juin 1780.

Constitution du Reich allemand, 11 août 1919.

Constitution de la République Unie de Tanzanie, 25 avril 1977.

Constitution de la République du Mali, 12 janvier 1992.

Constitution de la République fédérale du Nigéria, 29 mai 1999.

Résolutions

Assemblée générale des Nations Unies, résolution 421(V), *Projet de pacte international relatif aux droits de l'homme et mesures de mise en œuvre : travaux futurs de la Commission de droits de l'homme*, 4 décembre 1950.

Assemblée générale des Nations Unies, résolution 637 (VII), *Droit des peuples et des nations à disposer d'eux-mêmes*, 16 décembre 1952.

Assemblée générale des Nations Unies, résolution 1514 (XV), *Déclaration sur l'Octroi de l'indépendance aux pays et aux peuples coloniaux*, 14 décembre 1960.

Assemblée générale des Nations Unies, résolution 1541 (XV), *Principes qui doivent guider les États Membres pour déterminer si l'obligation de communiquer des renseignements, prévue à l'alinéa e de l'Article 73 de la Charte, leur est applicable ou non*, du 15 décembre 1960.

Assemblée générale des Nations Unies, résolution 2625 (XXV), *Déclaration relative aux principes du droit international touchant les relations amicales et la coopération entre les Etats conformément à la Charte des Nations Unies*, 24 octobre 1970.

Commission de droits de l'homme des Nations Unies, résolution 6 (XXIII), 16 mars 1967.

Commission de droits de l'homme des Nations Unies, résolution 24 (XXXIV), 8 mars 1978.

Conférence des Chefs d'État et de Gouvernement de l'Organisation de l'Unité Africaine, résolution AHG/16-1, 21 juillet 1964.

Conférence des Chefs d'État et de Gouvernement de l'Organisation de l'Unité Africaine, Décision 115 (XVI), 20 juillet 1979.

Divers

Charte du Kurukan Fuga, environ 1236.

Déclaration des droits de l'homme et du citoyen, 26 août 1789.

Rapport d'ensemble de la mission du Mécanisme africain d'évaluation par les pairs au Rwanda, 2003.

Rapport du groupe de travail d'experts de la Commission africaine des droits de l'homme et des peuples sur les populations/communautés autochtones, 2005.

Aperçu du rapport du projet de recherche par l'Organisation internationale du travail et la Commission africaine des droits de l'homme et des peuples relatif à la protection constitutionnelle et législative des droits des peuples autochtones dans 24 pays africains, 2009.

Jurisprudences

Cour internationale de Justice

Ressortissants des États-Unis au Maroc, (France c. États-Unis), arrêt du 27 août 1952.

Sud-Ouest africain (Libéria c. Afrique du Sud), arrêt du 18 juillet 1966.

Délimitation de la frontière maritime dans la région du Golfe du Maine (Canada c. Etats-Unis), arrêt du 12 octobre 1984.

Timor Oriental (Portugal c. Australie), arrêt du 30 juin 1995.

Cour africaine des droits de l'homme et des peuples

Michelot Yogogombaye c. Sénégal, arrêt du 15 décembre 2009, req. n° 001/2008.

Commission africaine des droits de l'homme et des peuples c. République du Kenya, arrêt du 26 mai 2017, req. n° 006/2012.

Commission africaine des droits de l'homme et des peuples

Free Legal Assistance Group, Lawyers' Committee for Human Rights, Union Interafricaine des Droits de l'Homme, Les Témoins de

Jehovah c. République démocratique du Congo, communication du 4 avril 1996, n° 25/89-47/90-56/91-100/93.

Union Interafricaine des droits de l'Homme, Fédération internationale des ligues des droits de l'Homme, Rencontre africaine des droits de l'Homme, Organisation nationale des droits de l'Homme au Sénégal et Association malienne des droits de l'Homme c. Angola, communication du 11 novembre 1997, n° 159/96.

Malawi Africa Association, Amnesty International, Ms Sarr Diop, Union interafricaine des droits de l'Homme et RADDHO, Collectif des veuves et ayants-Droit, Association mauritanienne des droits de l'Homme c. Mauritanie, communication du 11 mai 2000, n° 54/91-61/91-96/93-98/93-164/97-196/97-210/98.

Huri-Laws c. Nigéria, communication du 6 novembre 2000, n° 225/98.

Legal Resources Foundation c. Zambie, communication du 7 mai 2001, n° 211/98.

Social and Economic Rights Action Center and Center for Economic and Social Rights c. Nigeria, communication du 27 octobre 2001, n° 155/96.

Purohit et Moore c. Gambie, communication du 29 mai 2003, n° 241/01.

Odjouoriby Cossi Paul c. Bénin, communication du 4 juin 2004, n° 199/97.

Women's Legal Aid Center c. Tanzanie communication du 7 décembre 2004, n° 243/01.

Institute for Human Rights and Development in Africa c. Guinée, communication du 7 décembre 2004, n° 249/02.

Garreth Anver Prince c. Afrique du Sud, communication du 7 décembre 2004, n° 255/02.

Ilesanmi c. Nigéria, communication du 11 mai 2005, n° 268/03.

Institut pour les droits humains et le développement en Afrique c. Angola, communication du 22 mai 2008, n° 292/04.

Sudan Human Rights Organisation & Centre on Housing Rights and Evictions c. Soudan, communication du 27 mai 2009, n° 279/03 – 296/05.

Kevin Mgwanga Gunme et al. c. Cameroun, communication du 27 mai 2009, n° 266/03.

Centre for Minority Rights Development and Minority Rights Group c. Kenya, communication du 25 novembre 2009, n° 276/03.

Modise c. Bostwana et *Egyptian Initiative for Personal Rights et Interrights c. Egypte,* communication du 1er mars 2011, n° 334/06.

Organisation mondiale contre la torture et Ligue de la Zone Afrique pour la défense des droits des enfants et Elèves c. République démocratique du Congo, communication du 18 mai 2016, n° 325/06.

Interights & Ditshwanelo c. République du Bostwana, communication du 25 juin 2016, n° 319/06.

Cour européenne des droits de l'homme

Irlande c. Royaume-Uni, arrêt du 18 janvier 1978, req. n° 5310/71.

Tyrer c. Royaume Uni, arrêt du 25 avril 1978, req. n° 5856/72.

Kider c. France, arrêt du 1er octobre 2013, req. n° 56054/12.

Bouyid c. Belgique, arrêt du 28 septembre 2015, req. n° 23380/09.

Cour constitutionnelle d'Afrique du Sud

Pénalisation de la sodomie, arrêt du 13 mars 1995.

Table des matières

DROIT
AUX ÉDITIONS L'HARMATTAN

Dernières parutions

LE RAPPORT DU DROIT ADMINISTRATIF NATIONAL AUX DROITS ADMINISTRATIFS ÉTRANGERS

Les cas de la France et de l'Espagne

Anna Neyrat

Préface de Fabrice Melleray

Les droits administratifs français et espagnol sont souvent présentés comme des idéaux types opposés dans leur rapport aux droits administratifs étrangers. Comme exportateur, le droit administratif français considère ses homologues étrangers comme un réceptacle de son influence ; comme importateur, le droit administratif espagnol les envisage comme source de son enrichissement. Si une telle présentation repose sur des raisons temporelles et culturelles qui ont fait du droit administratif français un modèle et de l'espagnol un imitateur, elle se révèle partiellement inexacte. Elle est notamment dépassée à l'heure de la globalisation. Cette recherche invite à poser un regard différent sur ces présupposés.

(Coll. Logiques Juridiques, 680 p., 49 euros)

ISBN : 978-2-343-16682-7, EAN EBOOK : 9782140114588

DROITS FONDAMENTAUX ET CRISE(S) DES SOLIDARITÉS

Fabien Bottini

La solidarité renvoie aux liens sociaux qui font le ciment d'une communauté. Si c'est pourquoi il semble plus juste de parler de solidarités au pluriel, l'Etat a pendant longtemps été leur garant au travers des droits sociaux fondamentaux. Mais le constat s'impose : des débats qui ont agité la réforme du droit du travail à ceux qui portent sur les régimes de retraites en passant par la crise des migrants ; des hésitations sur la place des territoires et de l'Union européenne dans la mise en oeuvre des politiques sociales à l'apparition d'un droit constitutionnel économique... Les interrogations ne manquent pas quant à savoir si ces droits fondamentaux parviennent encore à faire la solidarité. Si crises il y a, signent-elles la fin de l'âge d'or de la solidarité ou sa mutation ?

(Coll. Le Droit aujourd'hui, 276 p., 28,5 euros)

ISBN : 978-2-343-16201-0, EAN EBOOK : 9782140114274

DÉCLARATION DES DROITS DE L'HOMME ET DU CITOYEN

Postérité et actualité

Remi Puigventos

Responsables scientifiques : Jimmy Meersman et Rémi Puigventos

Le 26 août 1789, l'Assemblée constituante adopte les derniers articles du texte de la Déclaration des droits de l'homme et du citoyen qui, traversant les siècles, deviendra l'un des textes fondamentaux de la Cinquième République. Si la Déclaration de 1789 est l'une des pierres angulaires de la garantie des droits de l'homme, l'étude de sa postérité et de son actualité interroge. Le présent ouvrage contribue à en dévoiler les éléments les plus essentiels au travers d'une douzaine de contributions.

(Coll. Droit privé et sciences criminelles, 238 p., 25 euros)

ISBN : 978-2-343-16359-8, EAN EBOOK : 9782140112164

ANNUAIRE DES ENGAGEMENTS INTERNATIONAUX AYANT FAIT L'OBJET D'UNE LOI D'AUTORISATION SOUS LA VE RÉPUBLIQUE

Didier Jamot

Au cours de la Ve République, près de 2000 engagements internationaux ont fait l'objet d'une loi d'autorisation. Dans les années 1960, seulement 22% des lois votés par le Parlement avaient pour objet la ratification ou l'approbation de tels engagements, alors que désormais 40% des lois visent un tel objectif. Par conséquent, le nombre de normes internationales intégrées au droit interne est considérable. Mais leur importance n'est pas seulement quantitative : tout engagement international régulièrement ratifié et publié s'impose au législateur. Aucune loi ne peut ainsi lui être contraire. Par ailleurs, les conventions internationales embrassant l'ensemble des matières juridiques, plus aucune activité humaine n'échappe aux droits et obligations prévus par les conventions. Cet annuaire recense enfin ces engagements internationaux avec des index thématiques et par pays signataire.

(Coll. Logiques Juridiques, 432 p., 42 euros)

ISBN : 978-2-343-16237-9, EAN EBOOK : 9782140112089

LES TITRES DE NOBLESSE DE LA VICTIME DEVANT LA COUR PÉNALE INTERNATIONALE

Guy David Mbara A Betsem

Préface de Gilbert Bitti - Avant-propos de Jean Claude Tcheuwa

La victime a longtemps été tenue à l'écart du procès devant les juridictions pénales internationales d'avant le début du XIXè siècle. Depuis l'avènement de la Cour pénale internationale (CPI), la victime est désormais admise dans le procès pénal. Ces droits, qui ne sont autres que des titres de noblesse, confèrent donc des privilèges permettant à la victime d'accéder à une justice pénale internationale très sélective, mais surtout réservée à une certaine catégorie de personnes. La CPI pose la problématique du rôle de l'État dans la mise en oeuvre des droits des victimes.

(242 p., 25,5 euros)

ISBN : 978-2-343-16718-3, EAN EBOOK : 9782140111631

MÉDIATION ET ENTREPRISES

Regards croisés Droit et Gestion

Responsables scientifiques : Gulsen Yildirim, Isabelle Sauviat et Romain Dumas.

Textes réunis par Romain Dumas

La médiation, mode alternatif de résolution des différends, est un mécanisme désormais bien connu en Droit. L'entreprise apparaît comme l'un des lieux privilégiés de son application et ce, qu'il s'agisse d'aplanir un différend tant dans ses relations internes qu'externes. Toutefois, à la différence du Droit, le concept de médiation apparaît beaucoup moins familier en Sciences de gestion. C'est cette interaction singulière entre Droit et Gestion qui permet de mesurer la place réelle de la médiation dans les entreprises et les organisations. Entre acclimatation à parfaite et hostilité, un équilibre est possible afin qu'elle devienne un outil efficace.

(Coll. Droit privé et sciences criminelles, 142 p., 16,5 euros)

ISBN : 978-2-343-16643-8, EAN EBOOK : 9782140111556

PHÉNOMÈNE DISCIPLINAIRE DANS LE DROIT PUBLIC HELLÉNIQUE CONTEMPORAIN

Sotirios Lytras

Attachée constamment à l'idée que la notion de discipline concernait en principe les relations entre les ensembles organisés et leurs agents, la théorie traditionnelle du droit public a laissé hors de son attention des domaines entiers de la vie publique. Parue en grec en 1989, cette étude a pu montrer qu'en droit positif hellénique le phénomène disciplinaire a manifesté sa présence forte dans des relations entre ensembles publics et des personnes physiques ou morales y étant rattachées. A travers ce phénomène, l'activité publique s'avère décisivement élargie.

(Coll. Logiques Juridiques, 262 p., 27 euros)

ISBN : 978-2-343-16125-9, EAN EBOOK : 9782140111310

RECEL ET BLANCHIMENT

Nouvelles sources de cumul de qualifications

Théo Touzeau

Préface de Gildas Roussel

A la lumière de la jurisprudence, la question de l'impossible cumul de l'infraction d'origine avec celle du recel de choses concernant un même auteur mérite de nouveau d'être posée. C'est que les juges de la Chambre criminelle, malgré leur opposition à ce cumul, ont depuis admis la condamnation d'un individu tant pour une première infraction que pour le blanchiment subséquent. Cette différence de traitement des deux infractions interroge nécessairement. Cet ouvrage, dressant le constat de la possibilité de dépasser les arguments qui fondent le rejet de « l'auto-recel », invite le lecteur à mettre de côté ses certitudes et à prendre position : rien ne semble s'opposer à l'admission du cumul de l'infraction d'origine et du recel de choses.

(Coll. Bibliothèques de droit, 138 p., 15,5 euros)

ISBN : 978-2-343-16624-7, EAN EBOOK : 9782140110962

LES LIENS ENTRE ÉTHIQUE ET DROIT

L'exemple de la question animale

Sous la direction de Lucille Boisseau-Sowinski et Delphine Tharaud

A priori distincts, le droit renvoyant à la régulation des comportements par la loi et l'éthique à la distinction entre bien et mal, ces deux domaines s'interpénètrent et se nourrissent, particulièrement sur la question animale. La réflexion sur l'éthique animale s'est amplifiée ces cinquante dernières années et a conduit à une prise en compte des intérêts et de la qualité d'êtres vivants des animaux. Le droit s'en est fait l'écho. Pour autant, cette dynamique n'est pas si évidente : quelles théories peuvent inspirer le droit ?

(Coll. Le Droit aujourd'hui, 176 p., 18,5 euros)

ISBN : 978-2-343-16449-6, EAN EBOOK : 9782140109553

CORRUPTION ET DROIT PÉNAL

Sous la direction de Jean-Paul Céré et Carlos Eduardo Japiassu

Le thème de la corruption a traversé le temps. L'intérêt du droit pénal est cependant renouvelé par les nombreuses affaires médiatisées qui gangrènent la vie politique et le monde des affaires dans de nombreux pays. L'arsenal législatif interne cherche à s'adapter sous l'effet des multiples textes qui ont vu le jour à l'échelle internationale et régionale. Une nette tendance à l'harmonisation des législations criminelles anti-corruption est perceptible. Cet ouvrage permet de saisir la diversité du phénomène dans sa dimension criminologique et juridique.

(Coll. Comité international des pénalistes francophones, 238 p., 24,5 euros)

ISBN : 978-2-343-16153-2, EAN EBOOK : 9782140109850

JUSTICE CONSTITUTIONNELLE ET SUBSIDIARITÉ

L'apport de l'expérience canadienne pour la construction européenne

Claire Aguilon

La précision des critères d'application de la subsidiarité et le développement de son contrôle par l'Union européenne constituent un progrès vers un plus grand respect du principe selon lequel l'UE, lorsqu'elle intervient dans une compétence partagée avec les Etats-membres, doit établir la plus-value d'une action à son niveau pour atteindre l'objectif visé. L'étude de la jurisprudence de la Cour de justice de l'UE montre ses réticences à un contrôle allant au-delà de la recherche d'une motivation formelle de la nécessité de l'intervention européenne. En droit canadien, la subsidiarité éclaire sous un jour nouveau la clause de commerce ou la doctrine de l'intérêt national.

(Coll. Logiques Juridiques, 460 p., 40 euros)

ISBN : 978-2-343-15311-7, EAN EBOOK : 9782140109522

UN COMBAT POUR LA PAIX

Récit

Nouvelle édition revue et augmentée

Daniel Lagot

Alors qu'il s'est refusé jusque-là à tout engagement devant la fragilité des choses humaines, un homme découvre l'amour et s'engage, avec la femme à ses côtés, dans un combat pour le droit, la justice et la paix. Après l'enthousiasme initial, les tensions et dilemmes vont se développer, en particulier lors des guerres en Libye et en Syrie. Comme dans une tragédie grecque, ces tensions conduiront les personnages à leur destin. Le récit est en partie romancé, mais est directement inspiré d'histoires et de faits réels. Face aux drames et menaces pesant sur l'humanité, doit-on céder au pessimisme ou conserver l'espoir ?

(Coll. Les Impliqués, 152 p., 16,5 euros)

ISBN : 978-2-343-16114-3, EAN EBOOK : 9782140109409

Structures éditoriales du groupe L'Harmattan

L'Harmattan Italie
Via degli Artisti, 15
10124 Torino
harmattan.italia@gmail.com

L'Harmattan Hongrie
Kossuth l. u. 14-16.
1053 Budapest
harmattan@harmattan.hu

L'Harmattan Sénégal
10 VDN en face Mermoz
BP 45034 Dakar-Fann
senharmattan@gmail.com

L'Harmattan Cameroun
TSINGA/FECAFOOT
BP 11486 Yaoundé
inkoukam@gmail.com

L'Harmattan Burkina Faso
Achille Somé – tengnule@hotmail.fr

L'Harmattan Guinée
Almamya, rue KA 028 OKB Agency
BP 3470 Conakry
harmattanguinee@yahoo.fr

L'Harmattan RDC
185, avenue Nyangwe
Commune de Lingwala – Kinshasa
matangilamusadila@yahoo.fr

L'Harmattan Congo
67, boulevard Denis-Sassou-N'Guesso
BP 2874 Brazzaville
harmattan.congo@yahoo.fr

L'Harmattan Mali
Sirakoro-Meguetana V31
Bamako
syllaka@yahoo.fr

L'Harmattan Togo
Djidjole – Lomé
Maison Amela
face EPP BATOME
ddamela@aol.com

L'Harmattan Côte d'Ivoire
Résidence Karl – Cité des Arts
Abidjan-Cocody
03 BP 1588 Abidjan
espace_harmattan.ci@hotmail.fr

L'Harmattan Algérie
22, rue Moulay-Mohamed
31000 Oran
info2@harmattan-algerie.com

L'Harmattan Maroc
5, rue Ferrane-Kouicha, Talaâ-Elkbira
Chrableyine, Fès-Médine
30000 Fès
harmattan.maroc@gmail.com

Nos librairies en France

Librairie internationale
16, rue des Écoles – 75005 Paris
librairie.internationale@harmattan.fr
01 40 46 79 11
www.librairieharmattan.com

Librairie l'Espace Harmattan
21 bis, rue des Écoles – 75005 Paris
librairie.espace@harmattan.fr
01 43 29 49 42

Lib. sciences humaines & histoire
21, rue des Écoles – 75005 Paris
librairie.sh@harmattan.fr
01 46 34 13 71
www.librairieharmattansh.com

Lib. Méditerranée & Moyen-Orient
7, rue des Carmes – 75005 Paris
librairie.mediterranee@harmattan.fr
01 43 29 71 15

Librairie Le Lucernaire
53, rue Notre-Dame-des-Champs – 75006 Paris
librairie@lucernaire.fr
01 42 22 67 13

www.ingramcontent.com/pod-product-compliance
Lightning Source LLC
LaVergne TN
LVHW010941051026
849532LV00003B/1074
* 9 7 8 2 3 4 3 1 7 3 4 4 3 *